mathematiX 3

Emmerich Boxhofer x Franz Huber x Ulrike Lischka x Brigitta Panhuber

Lösungen

VERITAS

Inhaltsverzeichnis

Ganze Zahlen 1

1 a) +13 °C b) – 6 °C c) +31 °C d) –14 °C

2 –11; –7; –2; +3; +7; +12

3 –18; –14; –6; +8; +11; +19

4 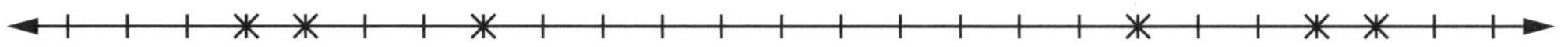

5 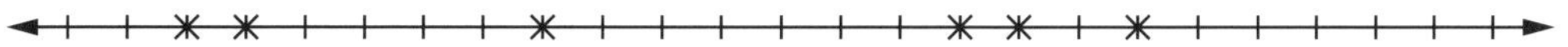

6 a) +1 °C b) +15 °C c) –1 °C d) 0 °C

7 a) +2 °C b) –13 °C c) –5 °C d –8 °C

8 a) –5 b) +12 c) +34 d) –12 345

9 a)

Vorgänger	Zahl	Nachfolger
–8	–7	–6
+90	+91	+92

b)

Vorgänger	Zahl	Nachfolger
–124	–123	–122
–1	0	+1

c)

Vorgänger	Zahl	Nachfolger
–46	–45	–44
+44	+45	+46

d)

Vorgänger	Zahl	Nachfolger
–201	–200	–199
–1 001	–1 000	–999

10 a) +25 < +76 b) –23 < +23 c) –67 > –76 d) –14 > –15

11 a) –91 < –22 < –12 < +17 < +53
b) –103 < –88 < –61 < 0 < +16 < +82
c) –661 < –616 < –232 < –35 < 53 < 207 < 323 < 702
d) –701 < –171 < –107 < –17 < 71 < 117 < 771 < 1 007 < 7 001

12 Skateboardfahrer

13 a) 5 b) 8 c) 15 d) 2

14 a) 12 b) 32 c) 2 005 d) 203

15 –27 oder +27

16 a) –3 b) –3 c) –6 d) –11

17 a) 4; –17 b) –12; –10 c) –1; –100 d) –108; –36

18 a) –14 b) –13 c) +1 d) 0

19 a) –93; –90 b) –10 800; +99 c) –127 000; –90

20 a) +13 b) 0 c) –13 d) –26

21 a) 3 – 4 = –1; 2 – 4 = –2; 1 – 4 = –3
b) 0 – 3 = –3; –1 – 3 = –4; –2 – 3 = –5
c) 1 – 8 = –7; 0 – 8 = –8; –1 – 8 = –9
d) 3 – 15 = –12; 4 – 15 = –11; 5 – 15 = –10
e) –6 – 3 = –9; –7 – 3 = –10; –8 – 3 = –11

22 5; –2; –9; –16; –16; –23

23 10-mal

24 a) +1 b) 0 c) –1 d) –2

25 a) –6 b) +6 c) –4 d) –5

26 a) +5 b) –1 c) –9 d) +2

27 a) –5 b) –12 c) –22 d) –46

28 a) –40 b) –157 c) –512

29 a) –79 b) –5 013 c) –17 062

30 a) +17 b) +68 c) +107 d) +30

31 a) +27 b) +123 c) +1 221

32 a) +201 b) +20 746 c) +7 772

33 a) +11 b) −17 c) + 627 d) +208

34 a) + 162 b) 686 c) −2 518

35 a) −881 b) +7 370 c) +23 292

36 a) −11 b) −123 c) +16 d) 0

37 a) −25 b) +22 c) −30 d) −6

38 a) −4 b) −51 c) +15 d) −121

39 a) +13 b) −59 c) −121 d) +31

40 a) −20 b) −97 c) +35 d) +9

41 a) −49 b) +16 c) −56 d) +8

42 a) −2 b) 3 c) −11 d) +2

43 a) +11 b) +14 c) −63

44 a) −33 b) −2 c) −1

45 a) −6 b) +6 c) +12 d) −12

46 Lake Titicaca: 4 232 m; Caspian Sea: 384 m; Lake Neusiedl: 525 m

47 positiv

48 wahr

49 −1

50 +14

51 −14

52 −233 €

a) −162 € b) −45 € c) −161 € d) 200 €

54 a) +111 b) −10 c) −10

55

Fong	Stockwerke
Vom 45. ins 23. Stw.	22
Vom 23. ins 89. Stw.	66
Vom 89. ins 7. UG	96
Vom 7. UG ins 45. Stw.	52
Vom 45. ins 60. Stw.	15
Vom 60. ins 45. Stw.	15
	266

Li	Stockwerke
Vom 23. ins 89. Stw.	66
Vom 89. ins 18. Stw.	71
Vom 18. ins 2. UG	20
Vom 2. UG ins 23. Stw.	25
Vom 23. ins 60. Stw.	37
Vom 60. ins 23. Stw.	37
	256

56 a) +18 (+XVIII) b) −2 232 (−MMCCXXXII) c) +12 (−XXXVIII) d) −2 (−II)

57 –

58 a) 19 884 m

b) Höchster Punkt: Großglockner 3 798 m
Tiefster Punkt: Hedwighof in Apetlon (Bez. Neusiedl am See) 114 m
Unterschied: 3 684 m

c) −1 187 m

d) –

59 a)

0	–7	–2
–5	–3	–1
–4	1	–6

–10	10	6
18	2	–14
–2	–6	14

zB

–5	–12	–7
–10	2	–6
–9	–4	–11

b)

3	–4	1
–2	0	2
–1	4	–3

c)

–16	–23	–18
–21	–19	–17
–20	–15	–22

60

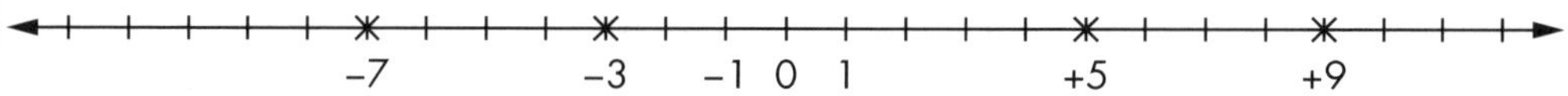

61 –10; –8; –2; +4; +6; +9

62 a) –268 und –266 ; +88 und +90; –100 und –98; –1 001 und –999;
b) 56; 14; 7

63 a) +36 b) –41 c) +41 d) –11

64 a) 8 °C b) 39 °C c) 9 °C d) 6 °C

Dezimalzahlen

65 a) 118,73; ÜR: 40 + 6 + 80 = 126 b) 443,9; ÜR: 400 + 40 = 440
c) 95,18; ÜR: 3 + 20 + 70 = 93 d) 63,13; ÜR: 40 + 30 = 70

66 a) 63,5; 1,8 b) 23,1; 29,7 c) 24,7; 123,9 d) 44,9; 28,8

67 a) 4,6 km b) 9,95 t c) 28,98 m d) 553,54 kg

68 a)

+	2	5	8,3	3,9
2,5	4,5	7,5	10,8	6,4
0,8	2,8	5,8	9,1	4,7
1,6	3,6	6,6	9,9	5,5

b)

+	2,1	5,4	10,3	39,4
12,7	14,8	18,1	23	52,1
0,98	3,08	6,38	11,28	40,38
1,23	3,33	6,63	11,53	40,63

69 a) 234 b) 2 570 c) 46 920 d) 540

70 a) 24,53 b) 3,592 c) 4,502 d) 38,8

71 a) 422,4; ÜR: 35 · 10 = 350 b) 180,2; ÜR: 5 · 40 = 200
c) 1 725,37; ÜR: 30 · 50 = 1 500 d) 344,28; ÜR: 5 · 70 = 350

72 a) 192,06 b) 360,36 c) 90,132 d) 5,481

73 a) 11,5; 8,3 b) 5,8; 28,8 c) 15,2; 37,65 d) 3,75; 55,82

74

	2,2	3,5	0,2	15,8	100,2	40,6
a) Verdopple	4,4	7	0,4	31,6	200,4	81,2
b) Halbiere	1,1	1,75	0,1	7,9	50,1	20,3
c) Multipliziere mit 10	22	35	2	158	1 002	406
d) Dividiere durch 100	0,022	0,035	0,002	0,158	1,002	0,406

75 a) 12,7 b) 59,6 c) 0,1 d) 8,9

76 a) 100,02 b) 26 c) 64,3 d) 233,796

77 a) (2,5 – 0,8) · 0,2 = 0,34 b) 9,2 – (2,3 · 2 + 4,5) = 0,1
c) 16,2 : 2 – (6 · 0,6 – 2,4) = 6,9 d) (14,5 – 2,6) · 3 – 5,7 = 30

78 a) 2,3 b) 99,4 c) 5 d) 0

79 84,4

80 6,125

81 71,6

82 2,8

83 Das Produkt (13) ist höher als der Quotient (104).

84 62,40 €

85 3 150,2 kg

85 30 000 Schneekristalle

87 116 €

88 0,72 €

89 1 192 m

90

1	2	3	4	5	6	7	8	9	10	11
8	17,96	388,79	5	8,4	10,74	15	8,5	30	0,6	1
A	R	G	E	N	T	I	N	I	E	N

91

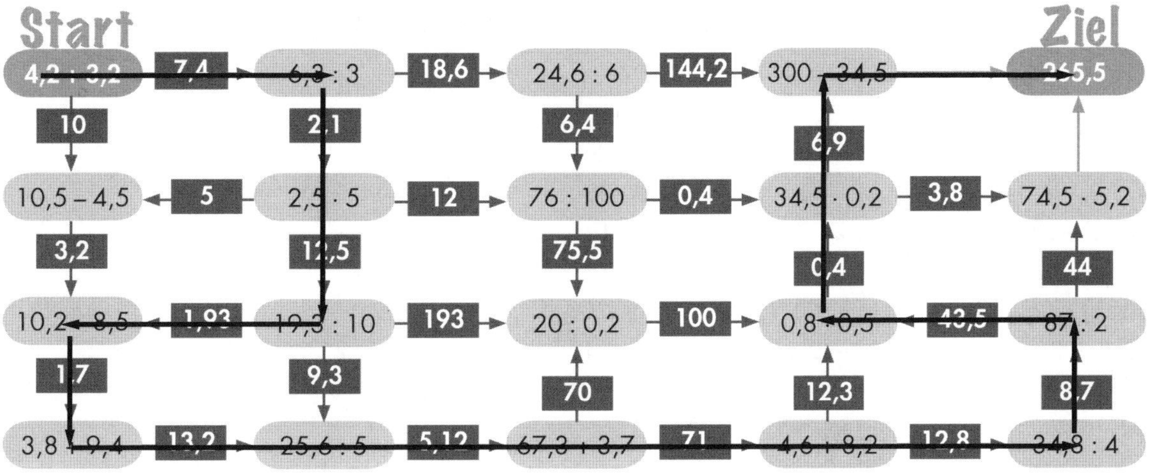

92 a) 1,0475 b) 8,6 c) 5 480 d) 0,423

93 a) $3{,}57 \cdot 100 < 13{,}75 \cdot 1\,000$ b) $78{,}65 : 200 = 78{,}65 \cdot \frac{1}{200}$
c) $2{,}7 - 1{,}9 \cdot 0{,}5 + 2{,}7 > 3{,}6 : 10 + 2{,}5$ d) $428{,}5 \cdot \frac{1}{100} = 1\,000 > 42{,}58 : 100 \cdot \frac{1}{1\,000}$

94 a) $\frac{6}{9} = \frac{2}{3}$; $\frac{8}{9}$ b) $\frac{12}{99} = \frac{4}{33}$; $\frac{86}{99}$ c) $\frac{34}{99}$; $\frac{27}{99} = \frac{3}{11}$ d) $\frac{83}{99}$; $\frac{48}{99} = \frac{16}{33}$

95 a) $\frac{24}{90} = \frac{8}{30}$; $\frac{8}{90}$ b) $\frac{74}{90} = \frac{37}{45}$; $\frac{183}{990} = \frac{61}{330}$
c) $\frac{12}{90} = \frac{4}{30}$; $1\frac{187}{900}$ d) $2\frac{21}{90} = 2\frac{7}{30}$; $4\frac{201}{900} = 4\frac{67}{300}$

96 a) 108,77 b) 743,9 c) 109,28 d) 112,93

97 a) 64,7; 0,8 b) 3,1; 49,7 c) 19,7; 103,9

98 a) 534; 45 920 b) 5 570; 540 c) 25,53; 4,552 d) 3,592; 58,5

99 a) 6,4 b) 403,2 c) 35 d) 0

100 a) $(2{,}5 - 0{,}7) \cdot 0{,}2 = 0{,}36$ b) $19{,}2 - (3{,}3 \cdot 2 + 4{,}5) = 8{,}1$
c) $18{,}6 : 3 - 6 \cdot (0{,}7 - 2{,}4) = 16{,}4$ d) $(14{,}5 + 2{,}6) \cdot 3 - 4{,}9 = 46{,}4$

Ganze Zahlen 2

101 a) –48 b) –108 c) +65 d) +69

102 a) –84 b) +20 c) +20 d) –21

103 a) –135 b) –152 c) –90 d) –90

104 a) +30 b) –72 c) –1

105 a) –180 b) +14 c) –1

106 a) + 56 b) +153 c) +200

107 a) –32 b) +42 c) –240 d) +552

108 a) +5 b) –7 c) –6 d) +8

109 a) –2 b) +5 c) +2 d) +1

110 a) –1 b) +3 c) +7 334

111 a) +5 b) –1 c) +4

112 a) –8 b) –18 c) +12 689 d) +8

113 a) +15 b) –2 c) –150 d) +5

114 a) +2 b) –28 c) +67 d) +5

115 –24 → +288 → –864 → –2 592 → –2592 → +2 592 → –5 184

116 a)

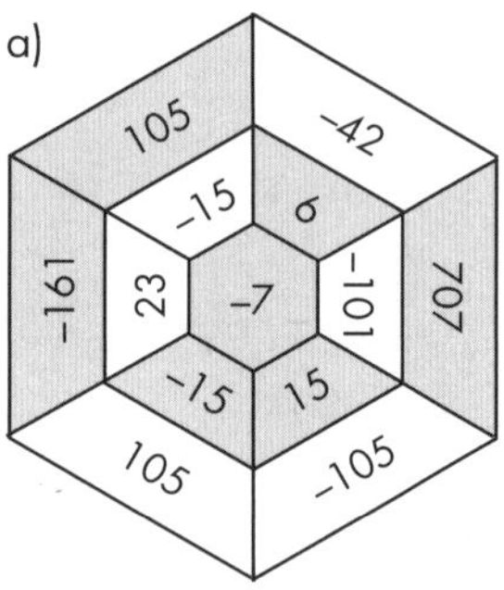

b)

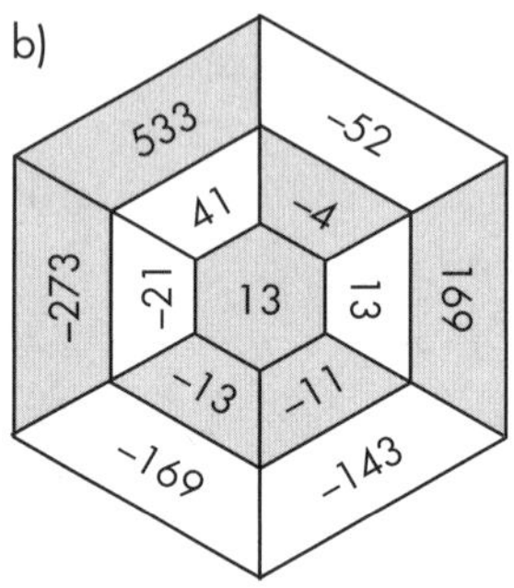

117 a)

–10 125 000				
– 6 750	+1 500			
+90	– 75	–20		
(– 6)	–15	+5	–4	
–2	3	–5	–1	4

b)

2 048	–64	64	–1 024					
128	16	–4	–16	64				
16	8	2	–2	8	8			
– 4	– 4	–2	–1	2	4	2		
–2	2	–2	1	–1	–2	–2	–1	
2	–1	–2	1	1	–1	2	–1	1

118 a)

–27 000			
300	–90		
–20	–15	6	
–4	5	–3	–2

b)

–1 782				
297	–6			
–99	–3	2		
–33	3	–1	–2	
11	–3	–1	1	–2

119 a) –12 b) –28 c) +69 d) +42

120 a) +5 b) –99 c) –1 000

121 a) +2 b) –1 c) –34

122 a) +20 b) –7 c) –50

123 a) –8; –2 b) –112; –112 c) 8; 2 d) –36; –36

124 zB (–1) · (+2) · (+3) · (+4)

125 zB (–500) : (+5) : (–1)

126 –16

127 5

128

·	–5	13	–2	11
–1	5	–13	2	–11
0	0	0	0	0
2	–10	26	–4	22
–3	15	–39	6	–33

a) ja
b) 0
c) Mit einer Zahl mit gleichem Vorzeichen.

129 a) 29 b) 67 c) 71 d) 39

130 a) 6 b) 22 c) 76

131 a) 184 b) –32 c) 16 d) 3

132 a) 52 b) 102 c) 100 d) 45

133 a) 3 b) 2 c) 2

134 a) 442 b) 3 c) 320

135 a) –48 b) 23 c) –19

136 a) –5 b) 5 c) 0

137 a) 1 b) 2 c) 11

138 a) 135 b) 1 c) 2 d) 3

139 a) –25; 107; –15; 75 b) 69; 465; –1 980; 594

140 –72

141 a) 180 b) 180 c) 39 d) 18 225

142 2

143 a) 10 °C
b) 122 °F
c) –40 °C = –40 °F
d) Alle ganzzahligen Fahrenheit, die um 32 vermindert durch 9 teilbar sind:
zB 23 °F = –5 °C; 41 °F = 5 °C (41 – 32 = 9); 50 °F = 10 °C
e) USA

144 16; –32; 64; –128; 256; –512; 1 024

145 3-mal; Man erhält –768.

146 a) (–6) · 14 = (–84) und 14 · (–6) = 84; (–6) + 14 = 8 und 14 + (–6) = 8
b) (–12) · (–2) = 24 und (–2) · (–12) = 24; (–12) + (–2) = –14 und (–2) + (–12) = –14

147 (–12) – (–5) = –7, aber (–5) – (–12) = +7

148 a) [(–2) · (–7)] · 45 = 630 und (–2) · [(–7) · 45] = 630; [(–2) + (–7)] + 45 = 36 und (–2) + [(–7) + 45] = 36
b) [(–9) · 16] · (–3) = 432 und (–9) · [16 · (–3)] = 432; [(–9) + 16] + (–3) = 4 und (–9) + [16 + (–3)] = 4

149

	a	b	c	(a – b)	(a – b) · c	a · c	b · c	a· c – b· c
a)	8	6	–7	2	–14	–56	–42	–14
b)	–12	–4	–9	–8	72	108	36	72
c)	–5	–1	2	–4	–8	–10	–2	–8
d)	76	–3	–2	79	–158	–152	6	–158

150 Spalte D: = (A2 + B2) * C2; Spalte E: = A2 * C2 + B2 * C2

151 a) [(–12) +71] · (–8) = –472 b) [(–34) + 29] · [(–38) – (–29)] = 45

152 a) CDXLVIII (448) b) I (1)

153 –

154

	–1	2	–3	4	5	6
1	1	2	–3	4	5	6
2	–2	4	–6	8	10	12
3	–3	6	–9	12	15	18
–4	4	–8	12	–16	–20	–24
5	5	10	–15	20	25	30
–6	6	–12	18	–24	–30	–36

	1	2	3	4	5	6
1	–4	–1	–6	1	2	3
2	–5	1	–9	5	7	9
3	–6	3	–12	9	12	15
4	1	–11	9	–19	–23	–27
5	–8	7	–18	17	22	27
6	3	–15	15	–27	–33	–39

1 2 3 4 5 6

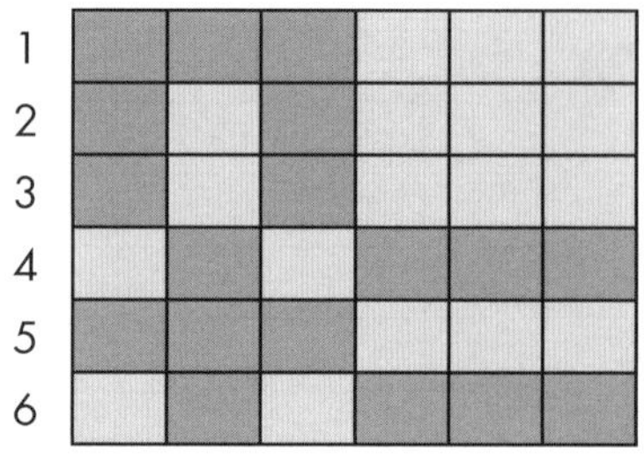

155 a) –540 b) 180 c) –180 d) –16 807

156 a) –5 b) 7 c) –10 d) 335

157 a) –7 b) –500

158 a) –5 b) 8 c) –101 d) 12

159 a) –105 b) –14

Rechtwinkliges Koordinatensystem

160 A (4/–6); B (7/–6); C (9/–6); E(3/0); L (–5/–3); M (–5/–6); N(–5/–9); R (– 4/5); S (–11/2); T (–5/1); U(2/8); V(5/3); W(9/6); X(0/–4)

161 a) im ersten Quadranten (Zeichnung verkleinert)

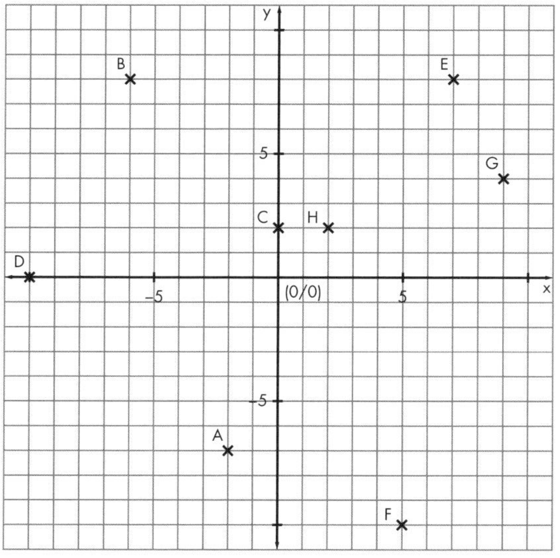

b) im dritten Quadranten (Zeichnung verkleinert)

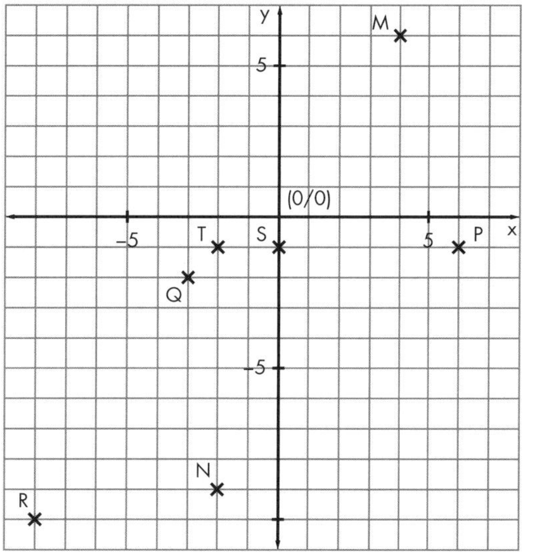

162 H im 4. Quadranten; K im 2. Quadranten; L im 1. Quadranten; M im 3. Quadranten; N kein Quadrant (x-Achse)

163 a) (3/5) b) (–7/2) c) (–7/–5) d) (7/–9)

164

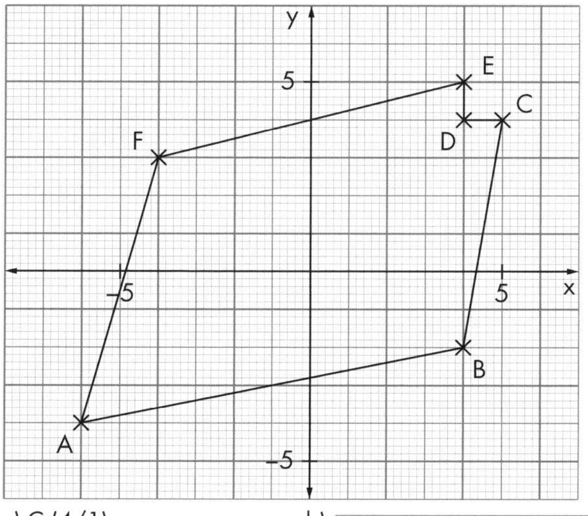

165 a) C (4/1) b)

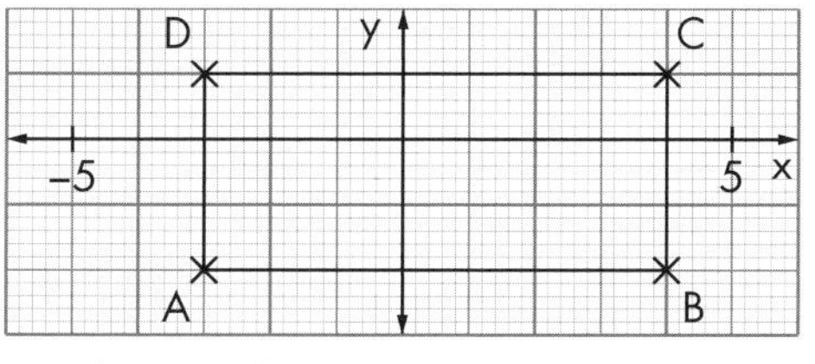

166 A (0/7); B (7/– 4) ; C (2/3); D(7/3); E(7/7); F(1/7); G(0/8); H(–5/5); I(–6/1); J(–2/–3)

167 B(5/–5); D(–5/5)

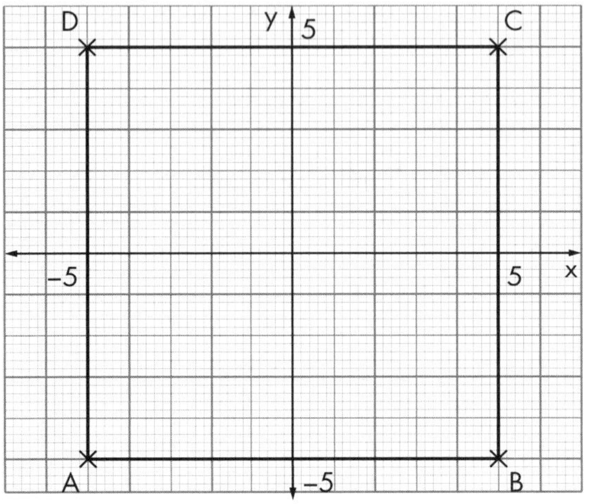

168 Der Punkt C muss im 2. Quadranten liegen. C(–1/3)

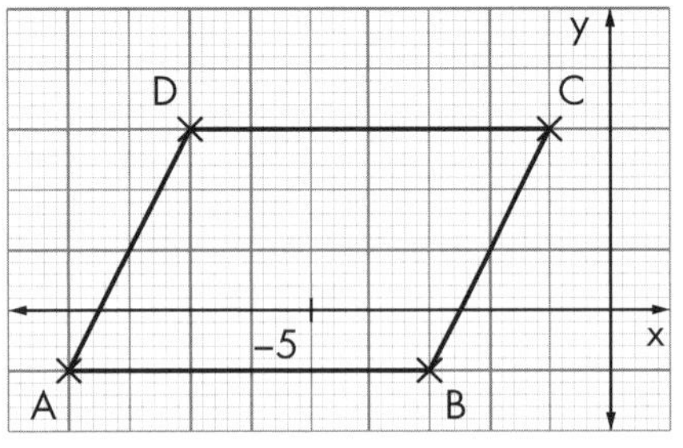

169 a) U(–1,2/1,8)

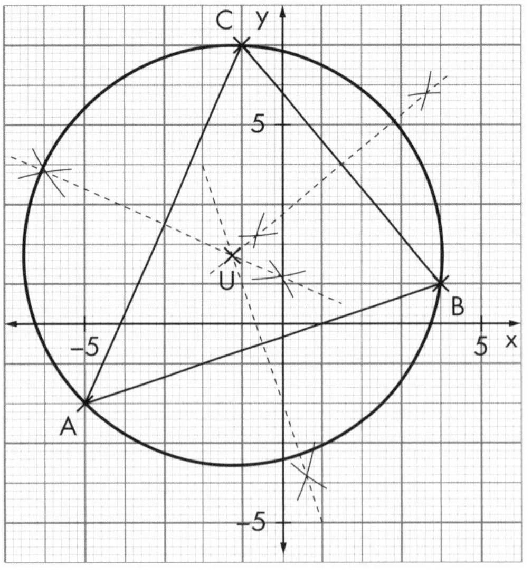

b) U(4,1/1,3)

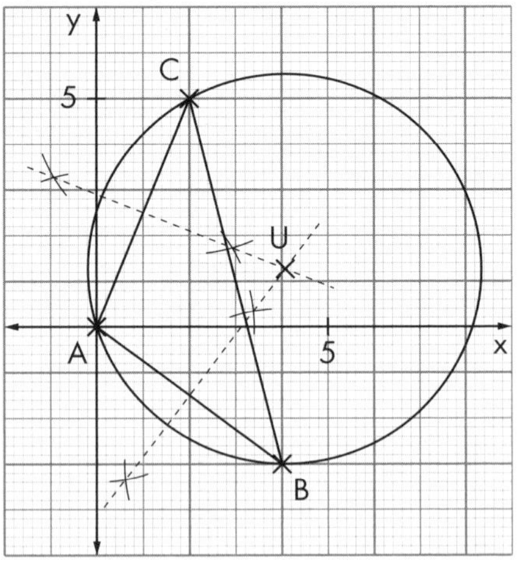

c) U (–0,4/0,7)

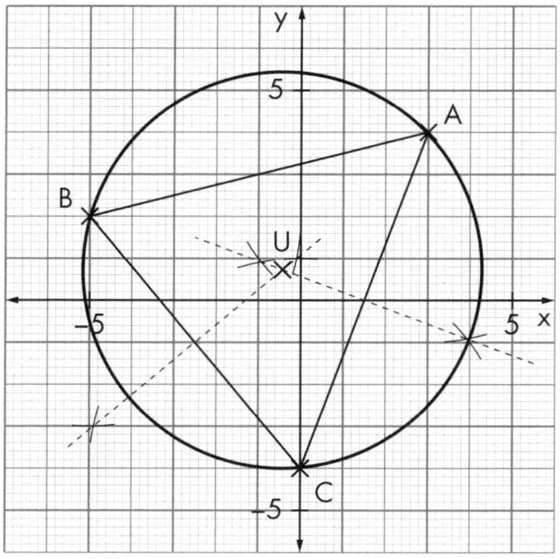

d) U (–0,8/–0,8)

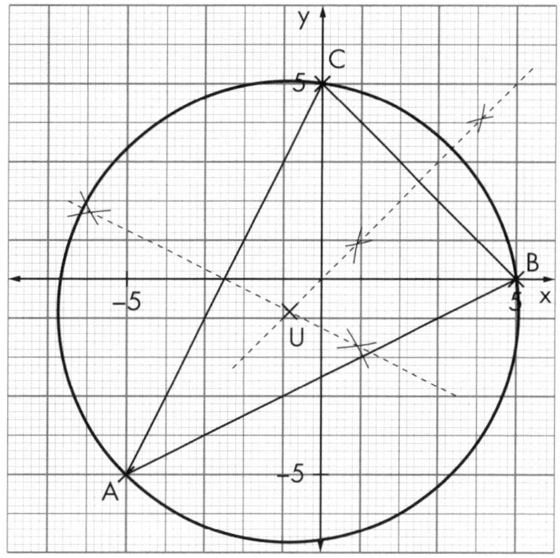

170 a)

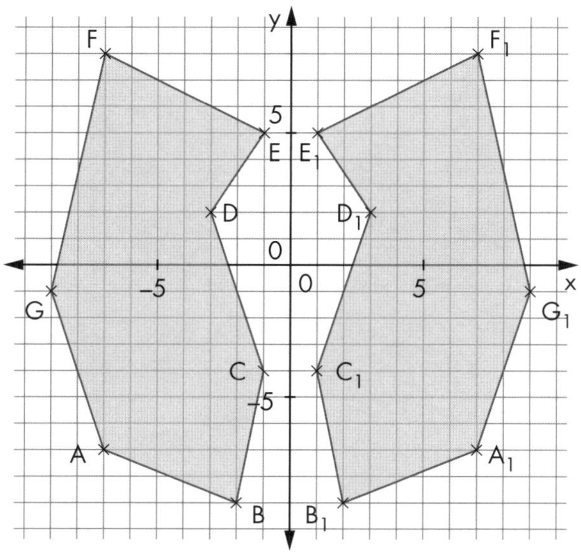

A(–7/–7); B(–2/–9); C(–1/–4);
D(–3/2); E(–1/5); F(–7/8); G(–9/–1)

A_1(7/–7); B_1(2/–9); C_1(1/– 4);
D_1(3/2); E_1(1/5); F_1(7/8); G_1(9/–1)

b) Die x-Koordinaten der entsprechenden Punkte haben verschiedene Vorzeichen. Die y-Koordinaten sind gleich.

171 a)

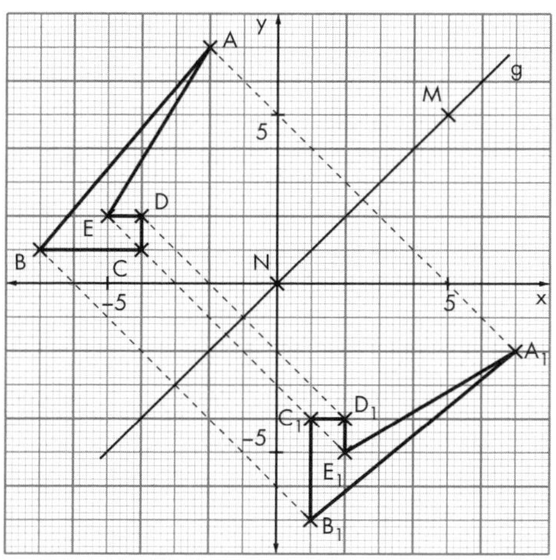

b)

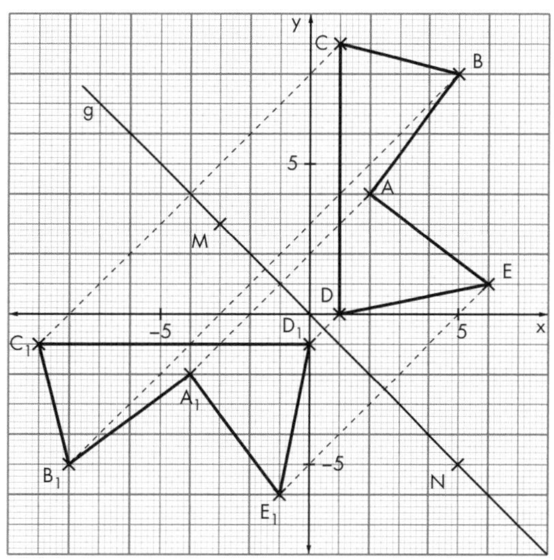

172 a) A(–0,6/1,9); B(–1,4/0,4); C(–0,5/–1); D(0/–1,5); E(1,6/–0,3); F(0,3/0); G(1,2/1,3)
b) –

173

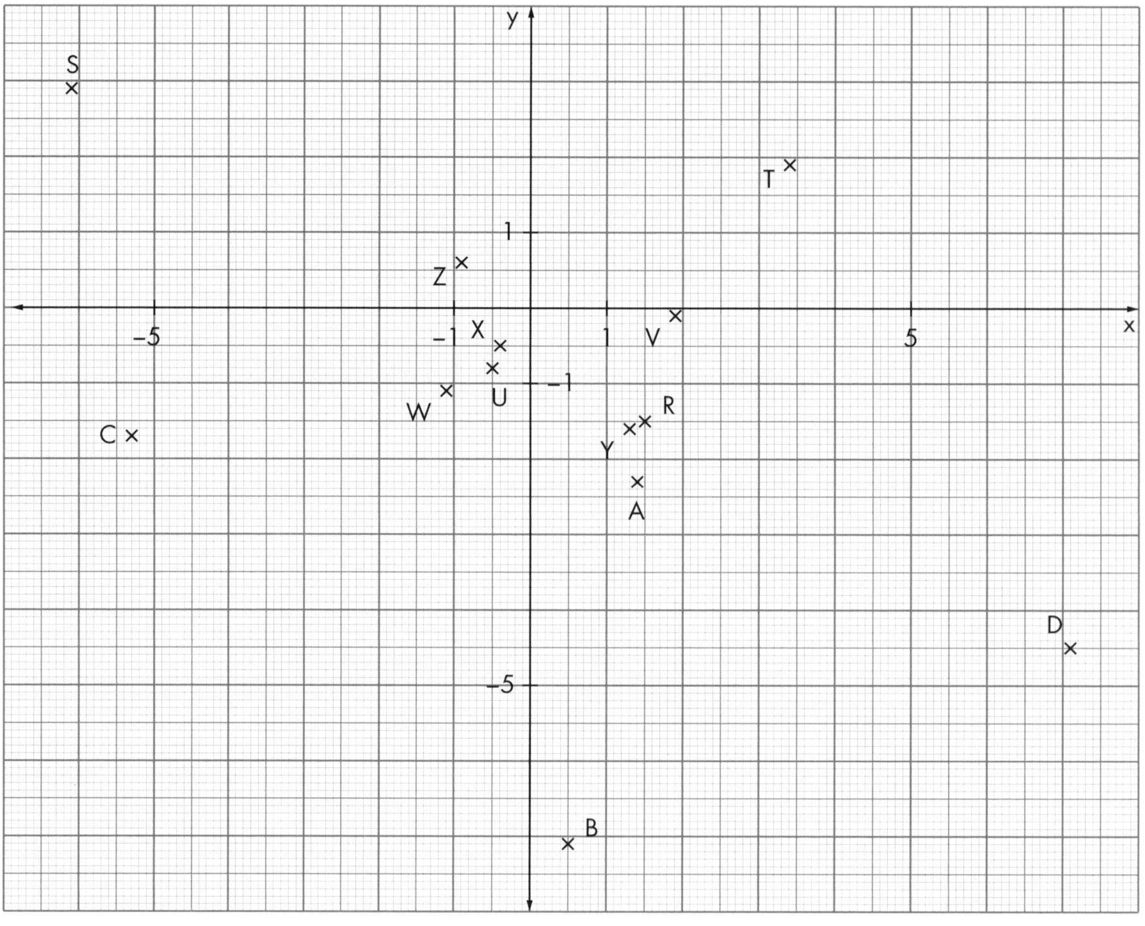

174 –

175

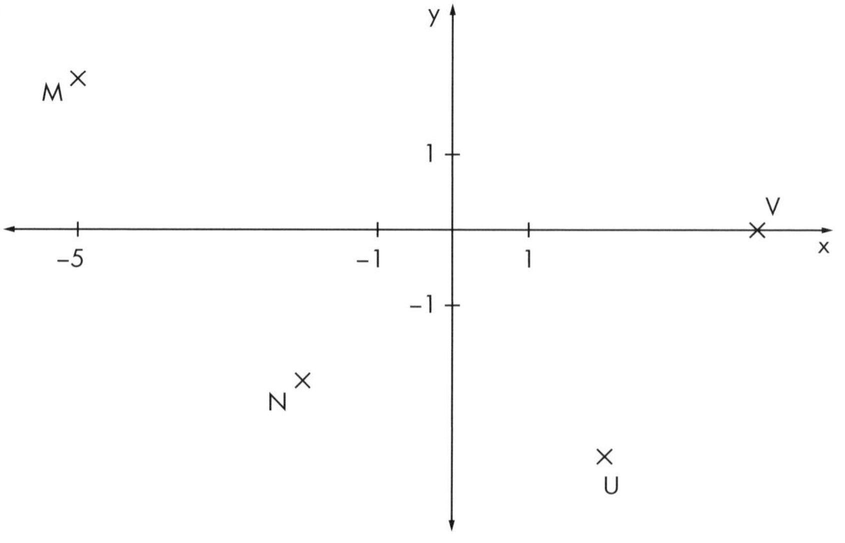

176 verschiedene Lösungen möglich

177 verschiedene Lösungen möglich

178

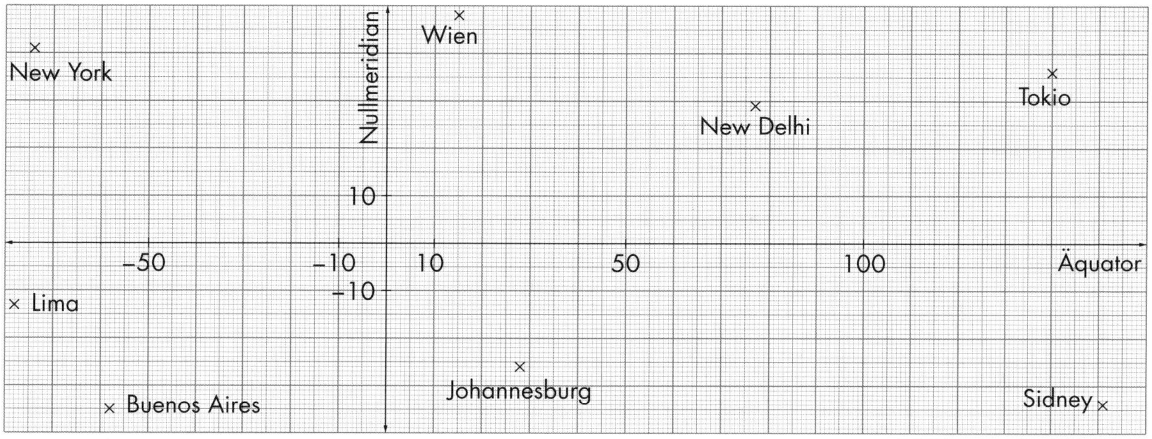

Der Ort mit der Länge 0 und der Breite 0 liegt im Atlantischen Ozean, im Golf von Guinea, ca. 600 km südlich der Hauptstadt Accra des Staates Ghana.

179 a) P(–3,9/–3,1) b)

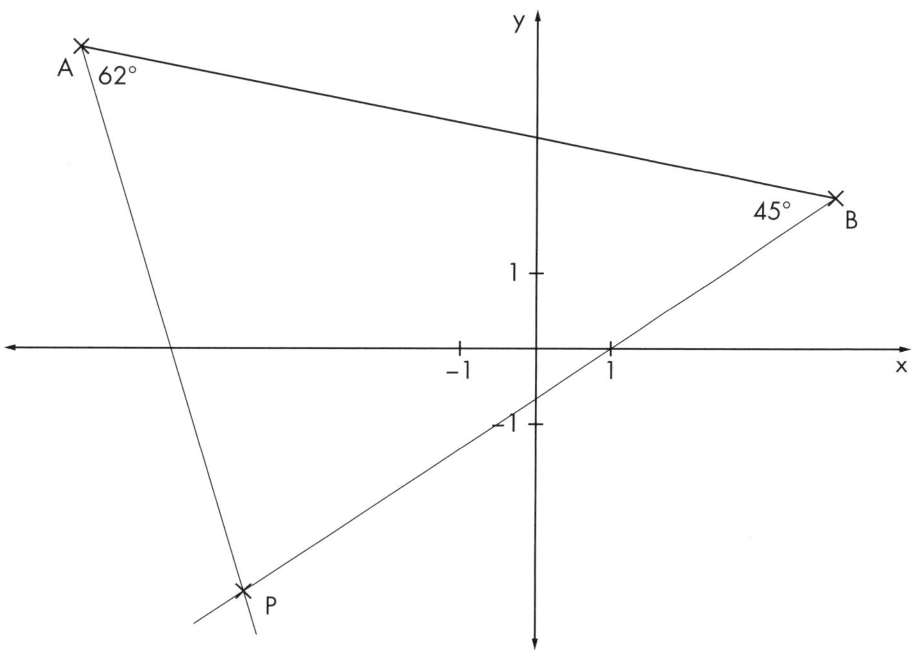

180 $P_1(6{,}3/4{,}7)$
$P_2(6{,}3/-4{,}7)$
$\overline{PS} = 104$ m
$\overline{PR} = 48$ m

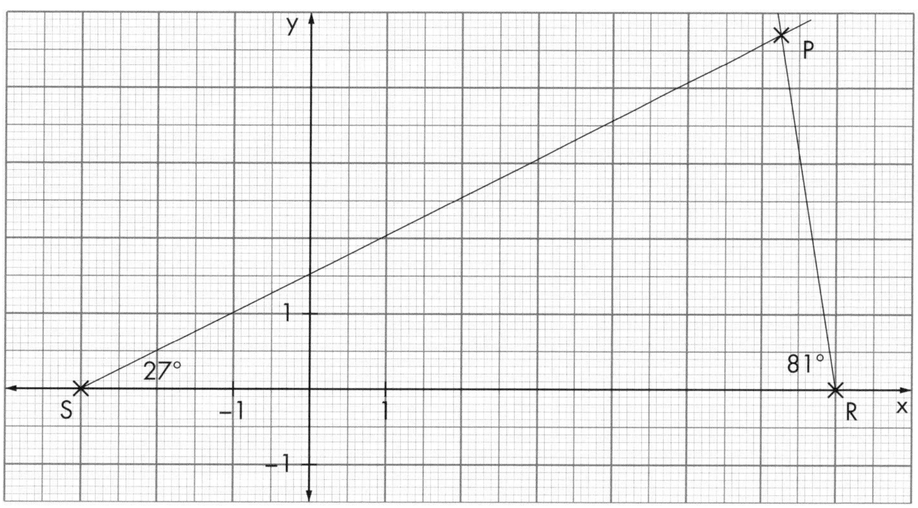

181 Die Koordinaten des Baumes betragen ca. (–4,9/2,4)

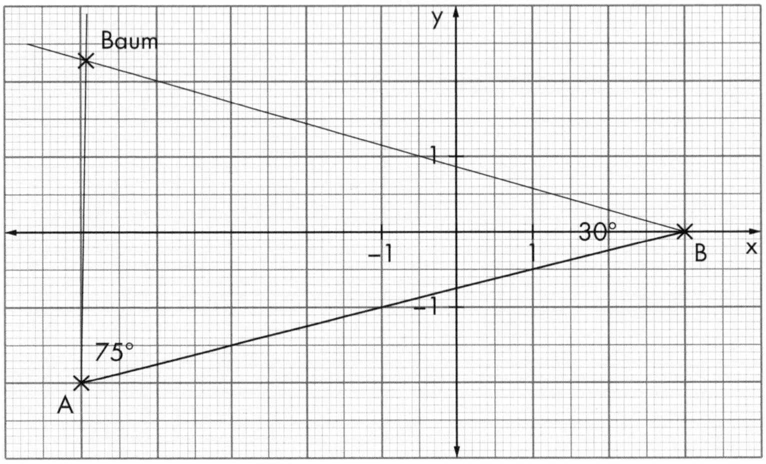

182

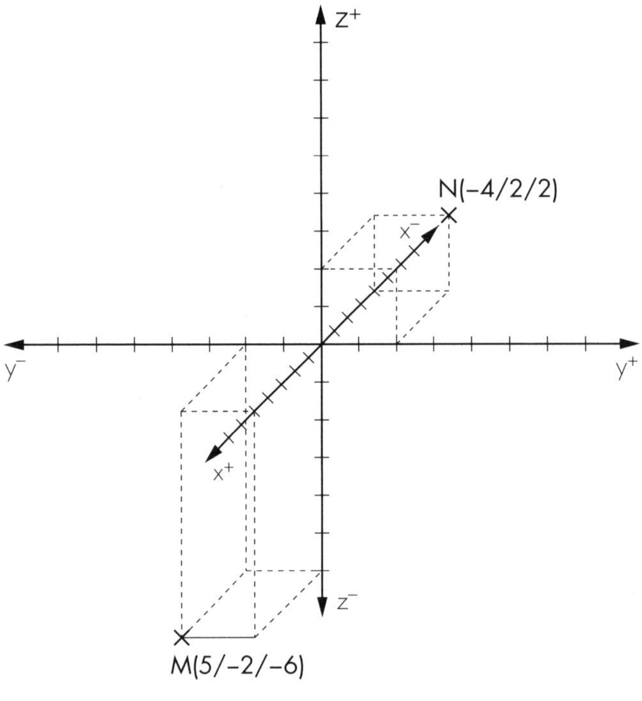

183

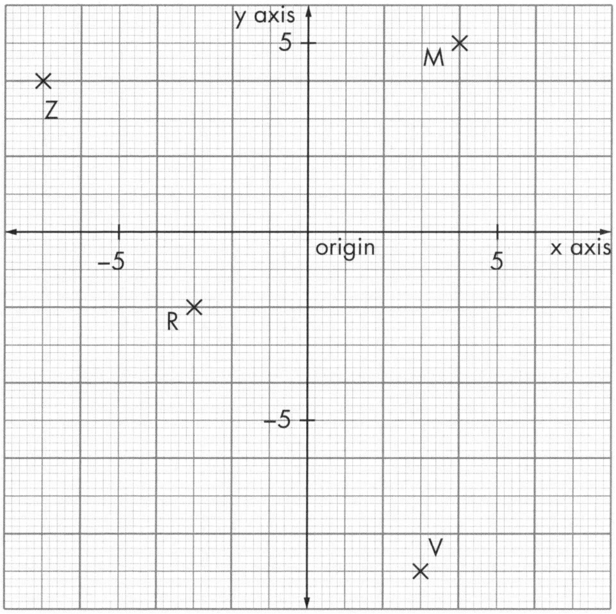

184 a)

x	y = 2x – 2	Koordinaten
– 6	–14	A (–6/–14)
– 4	– 10	B (– 4/–10)
– 2	– 6	C(–2/–6)
0	– 2	D(0/–2)
2	2	E (2/2)
4	6	F(4/6)
6	10	G(6/10)

b) Eine Gerade

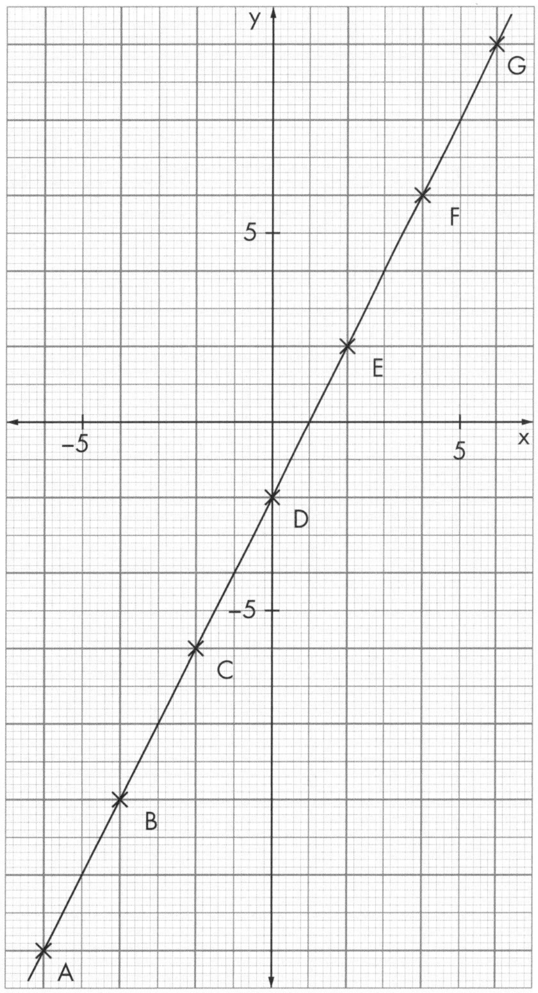

185 Mögliche Lösung: 0,7 m rückwärts gehen; 2,3 m nach rechts; H (2,3/–0,7)

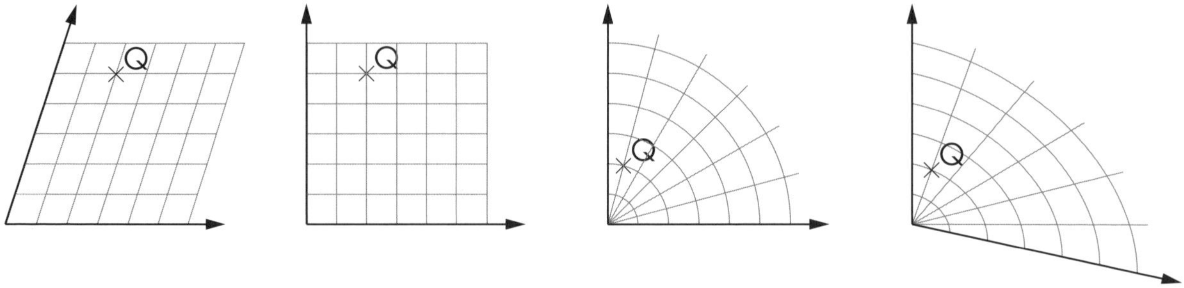

187 a) verschiedene Lösungen
b) Descartes, René, geboren am 31. März 1596 in La Haye; gestorben am 11. Februar 1650 in Stockholm; Renatus Cartesius (lateinische Form des Namens) war ein französischer Philosoph („Cogito ergo sum"), Mathematiker (Erfinder der analytischen Geometrie, die Algebra und Geometrie verbindet) und Naturwissenschaftler.

188 A(– 4/2); B(–1/0); C(–1/–5); D(5/–2); E(2/3); F (0/–2)

189

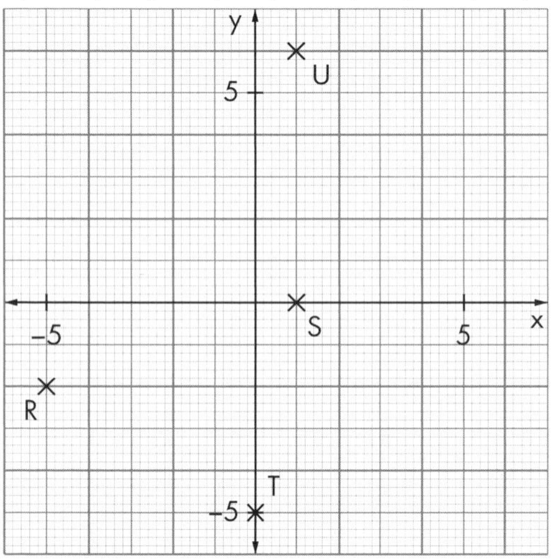

190

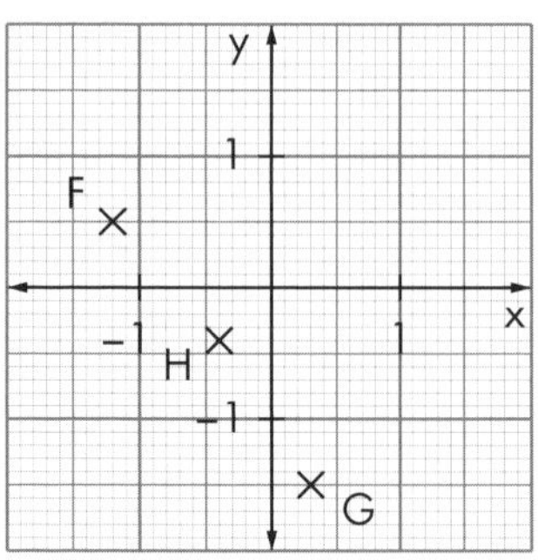

191 C(1/3); D (–5/3)

192 verschiedene Lösungen möglich

Bruchzahlen

193 a) $\frac{1}{2}$ b) $\frac{2}{3}$ c) $\frac{3}{7}$ d) geht nicht e) $\frac{4}{7}$

194 a) $\frac{1}{2}; \frac{4}{7}; \frac{5}{6}; \frac{1}{8}$ b) $\frac{4}{9}; \frac{4}{9}; \frac{2}{11}; \frac{3}{40}$

195 $\frac{8}{100} = \frac{2}{25}$; $\frac{16}{400} = \frac{40}{1\,000}$; $\frac{5}{100} = \frac{1}{20}$

196 a) $\frac{9}{24}; \frac{16}{24}; \frac{12}{24}$
$\frac{9}{12}; \frac{4}{12}; \frac{2}{12}$
b) $\frac{3}{10}; \frac{4}{10}; \frac{5}{10}$
$\frac{6}{28}; \frac{8}{28}; \frac{14}{28}$
c) $\frac{12}{28}; \frac{14}{28}; \frac{14}{28}$
$\frac{6}{50}; \frac{10}{50}; \frac{40}{50}$

197 a) $\frac{7}{10} > \frac{4}{10}$
$\frac{5}{12} < \frac{5}{10}$
b) $\frac{5}{12} < \frac{11}{12}$
$\frac{7}{12} > \frac{7}{14}$
c) $\frac{23}{45} > \frac{20}{45}$
$\frac{72}{10} > \frac{72}{42}$
d) $\frac{24}{25} < \frac{40}{25}$
$\frac{37}{51} < \frac{37}{42}$

198 a) $\frac{7}{10} < \frac{4}{5} < \frac{8}{9}$ b) $\frac{2}{10} < \frac{4}{6} < \frac{7}{8}$ c) $\frac{1}{6} < \frac{7}{12} < \frac{5}{8}$

199 a) $1\frac{9}{20}$; $3\frac{5}{8}$ b) $3\frac{5}{12}$; $2\frac{17}{18}$ c) $1\frac{1}{10}$; $1\frac{1}{8}$ d) $2\frac{5}{12}$; $1\frac{4}{15}$

200 a) $2\frac{3}{20}$; $\frac{7}{8}$ b) $\frac{11}{12}$; $3\frac{11}{18}$ c) $2\frac{3}{5}$; $2\frac{1}{8}$ d) $4\frac{5}{12}$; $4\frac{7}{15}$

201 a) $1\frac{3}{5}$; $\frac{4}{5}$ b) $4\frac{1}{2}$; $5\frac{8}{11}$ c) $1\frac{1}{2}$; $1\frac{1}{5}$ d) $4\frac{1}{2}$; 8

202 a) $\frac{13}{32}$; $\frac{5}{8}$ b) $\frac{5}{12}$; $1\frac{19}{30}$ c) $1\frac{3}{10}$; $1\frac{53}{150}$ d) $\frac{13}{50}$; $\frac{7}{60}$

203 a) $\frac{1}{10}$; $\frac{6}{25}$ b) $\frac{21}{40}$; $\frac{5}{22}$ c) $\frac{9}{28}$; $\frac{14}{225}$ d) $\frac{9}{16}$; $\frac{24}{35}$

204 a) $1\frac{3}{5}$; $1\frac{1}{6}$ b) $\frac{1}{2}$; $3\frac{3}{4}$ c) $\frac{14}{25}$; $5\frac{3}{5}$ d) $3\frac{17}{36}$; 14

205 $5 \rightarrow 12\frac{1}{2} \rightarrow 15$

206 a) 8; $8\frac{1}{3}$ b) 3; $\frac{5}{8}$ c) $\frac{1}{11}$; $\frac{3}{5}$ d) $\frac{5}{13}$; $\frac{3}{8}$

207 a) falsch b) richtig

208 a) 7-mal; Man erhält $4\frac{1}{12}$. b) 5-mal; Man erhält $1\frac{1}{3}$.

209 a) $2\frac{4}{5}$ b) $1\frac{23}{26}$ c) $8\frac{3}{16}$ d) $2\frac{1}{2}$

210 a) $\frac{5}{12}$ b) $\frac{3}{7}$

211 a) $\frac{4}{5}$ b) $1\frac{1}{2}$ c) $1\frac{5}{7}$ d) $1\frac{5}{6}$

212 a) $\frac{7}{10}$ b) 2,15 c) $2\frac{2}{3}$

213 a) $1\frac{1}{20}$ b) $\frac{18}{25}$ c) $9\frac{2}{5}$ d) 2

214 a) $0,\dot{7} = \frac{7}{9}$; $0,90 < \frac{99}{100}$ b) $\frac{2}{3} > 0,6$; $0,\dot{8} < \frac{8}{9}$ c) $1,\dot{5} > 1\frac{4}{9}$; $\frac{1}{2} < 0,\dot{5}$ d) $0,\dot{5} = \frac{5}{9}$; $\frac{1}{4} < 0,\overline{25}$

215 a) 1,625 b) 0,87 c) $\frac{38}{45}$ d) 0

216

6	1	3		6	4
7	3	2		0	4
0		1		3	8
	1		1		
1	0	0		2	1
8	7	1		5	2

217 a) $\frac{\frac{3}{8}}{\frac{7}{10}}$ b) $\frac{\frac{3}{5}}{\frac{2}{7}}$ c) $\frac{\frac{3}{9}}{\frac{5}{1}}$ d) $\frac{\frac{8}{1}}{\frac{2}{7}}$

218 a) $1\frac{5}{7}$ b) $1\frac{4}{5}$ c) 21 d) $3\frac{1}{5}$

219 a) $7\frac{1}{7}$ b) $\frac{1}{16}$ c) $7\frac{1}{7}$ d) $\frac{1}{10}$

220 a) $\frac{5x}{8}$ b) $\frac{9}{5x}$ c) $\frac{4x}{3}$ d) $\frac{1}{x}$

221 a) $4\frac{2}{7}$ b) $10\frac{2}{3}$ c) $\frac{1}{2}$ d) $\frac{2}{3}$

222 $\frac{\frac{3}{8}}{\frac{4}{10}} = \frac{15}{16}$; $\frac{8}{2\frac{4}{5}} = 2\frac{6}{7}$; $1 = \frac{\frac{2}{5}}{\frac{2}{5}}$

223 $\frac{8}{10} = \frac{16}{20} = \frac{40}{50} = \frac{4}{5}$; $\frac{12}{18} = \frac{2}{3}$; $\frac{8}{30} = \frac{4}{15}$

224 $\frac{14}{100} < \frac{3}{10} < \frac{2}{6} < \frac{7}{12} < \frac{7}{8} < \frac{5}{4}$

225 a) $1\frac{11}{20}$; $3\frac{3}{10}$ b) $\frac{5}{12}$; $2\frac{7}{18}$ c) $1\frac{3}{5}$; $1\frac{1}{3}$ d) $3\frac{35}{36}$; $2\frac{11}{20}$

226 a) $1\frac{1}{3}$; $\frac{1}{3}$ b) $1\frac{1}{2}$; $4\frac{1}{2}$ c) $2\frac{1}{4}$; $1\frac{1}{5}$ d) $6\frac{3}{7}$; $\frac{3}{5}$

227 $1\frac{3}{5}$; $1\frac{2}{3}$ b) $\frac{1}{2}$; $1\frac{4}{5}$ c) $\frac{7}{18}$; $\frac{1}{17}$ d) $\frac{2}{3}$; $3\frac{3}{4}$

Rationale Zahlen

228 a) $-\frac{2}{5}$; $-\frac{1}{10}$; 0 b) –3,9; –3,5; –3,2

229 a)

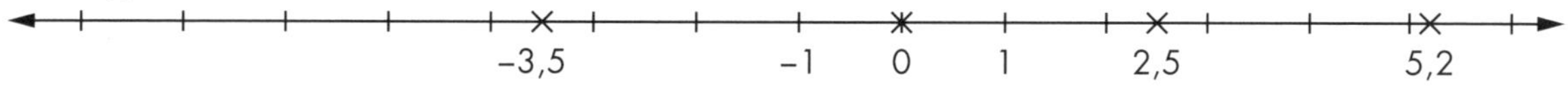

b)

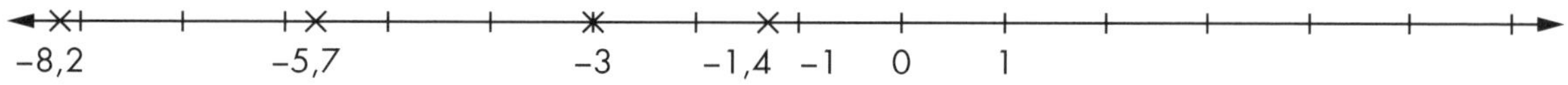

c)

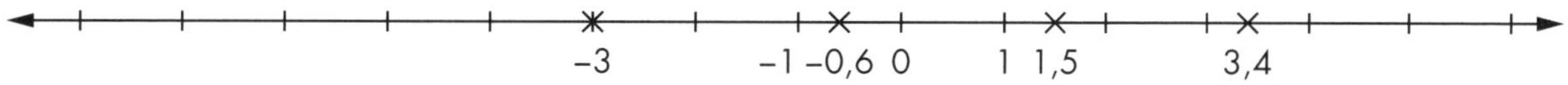

230 verschiedene Lösungen, zB
a) 3,2; 3,5; 4 b) 1,5; 1; 0,8 c) –3; –2; –1

231 a) +23,9 °C < +24,2 °C < +24,5 °C < +24,7 °C
b) –15,6 °C < –15,2 °C < –15 °C < –14,8 °C
c) –5 °C < –4,5 °C; < 5 °C < +5,5 °C
d) –34,1 °C < – 34 °C < 34,1 °C < 34,2 °C

232 a) +2,5 < +2,7; –4,5 > –5,0 b) +8,2 > –8,2; –10,3 > –12 c) 0,4 > –4; –5,2 < 0

233 a) +3 < +3,7 < +4 b) –6 < –5,7 < –5 c) –7 < –6,3 < –6 d) –14 < –13,9 < –13

234 a) +5 b) +1 c) 0 d) –1

235 a) r b) f c) f d) r

236 a)

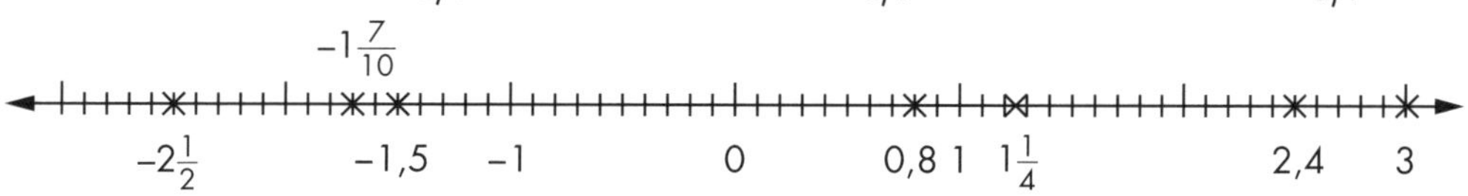

237 a)

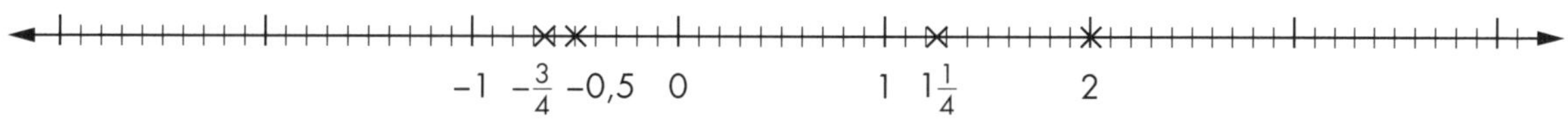

b)

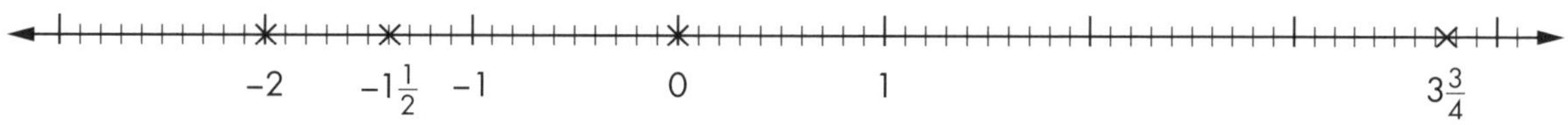

c)

238 a) $-\frac{2}{4} > -\frac{3}{4}$ b) $-\frac{7}{8} > -5\frac{1}{8}$ c) $-3\frac{5}{8} < 2\frac{7}{10}$ d) 2,4 > –10,1

239 a) –5,5 < –5,2 < –2,55 < –2,5 < 2,5 < +5,2 b) –6,76 < –6,7 < –6,67 < 6,6 < 6,7 < 7,6

240

	+1,5	–4	$-\frac{3}{4}$	0	$-2\frac{1}{2}$	9	–12	$+4\frac{4}{100}$	+7,5
N	–	–	–	x	–	x	–	–	–
Z	–	x	–	x	–	x	x	–	–
Q	x	x	x	x	x	x	x	x	x

241 a) +2,5 b)–6,7 c) $\frac{3}{4}$ d) $-1\frac{1}{4}$ e) –9,2 f) +2,65

242

x	+3,4	–7,1	0,3	–7,7	0	$-\frac{7}{9}$	+3,55	–20
|x|	3,4	7,1	0,3	7,7	0	$\frac{7}{9}$	3,55	20

243 a) –7 und +7 b) –12 und +12 c) –19 und +19 d) –23 und 23

244 a) |+2,5| = 2,5 b) –6,3 < |–6,3| c) |–6,1| = |6,1| d) 2,9 < |–10|

	a)	b)	c)	d)
245	$+0{,}3$	$-0{,}2$	$-3{,}7$	$0{,}2$
246	$-5{,}9$	$4{,}1$	$5{,}4$	$-4{,}7$
247	$-10{,}3$	$10{,}3$	$4{,}7$	$-4{,}7$
248	$-\frac{1}{2}$	$-\frac{3}{5}$	$-1\frac{3}{5}$	$-\frac{1}{6}$
249	$-\frac{23}{40}$	$-\frac{7}{15}$	$-1\frac{1}{2}$	$\frac{1}{3}$
250	$2\frac{7}{40}$	$-3\frac{1}{2}$	$1\frac{4}{15}$	$1\frac{1}{3}$
251	$2\frac{11}{40}$	-4	$1\frac{2}{5}$	$1\frac{99}{100}$
252	$-3{,}4$	$-0{,}7$	$6{,}3$	$-9{,}8$
253	$-0{,}6$	$13{,}8$	$-\frac{2}{5}$	$-3\frac{3}{5}$

254 $-2{,}2$

255 $+11{,}5$

	a)	b)	c)	d)
256	-3	$+7{,}2$	$-10{,}8$	$+18$
257	20	$-31{,}5$	$-8{,}01$	$-2{,}55$
258	$7{,}4$	$-8{,}4$	$20{,}8$	$-100{,}1$
259	$-\frac{4}{9}$; -8	$-1\frac{9}{16}$; $\frac{7}{8}$	$-1\frac{1}{14}$; $3\frac{5}{6}$	
260	$-\frac{3}{5}$; $-0{,}24$	$1{,}6$; $2\frac{1}{2}$	$-5\frac{1}{4}$; $3\frac{3}{10}$	
261	$0{,}25$; $-3{,}6$	$-3{,}46$; $1{,}3$	$2{,}4$; $-8{,}3$	
262	$-\frac{2}{3}$; -45	$-\frac{4}{17}$; $-3\frac{3}{4}$	$-\frac{1}{4}$; $-\frac{1}{4}$	

263

	·	+1,5	–0,3	–0,6	+5,2
a)	–0,1	–0,15	+0,03	+0,06	–0,52
b)	+2,5	+3,75	–0,75	–1,5	+13
c)	–3,2	–4,8	+0,96	+1,92	–16,64

	a)	b)	c)	d)
264	$-2{,}5$	$-1{,}4$	110	$2{,}1$
265	$-62{,}5$	5	$-3{,}25$	$\frac{1}{10}$

266 -8 (A) < -2 (D) < 2 (C) < 8 (B)

	a)	b)	c)	d)
267	$1\frac{1}{9}$	$4\frac{1}{3}$	$\frac{7}{11}$	
268	$-1\frac{1}{7}$	$1\frac{1}{6}$	$+\frac{9}{11}$	
269	$-2\frac{3}{10}$	$-\frac{1}{5}$		
270	$4\frac{4}{5}$	$4\frac{41}{45}$		
271	-7	26		
272	$4{,}9$	$71{,}3$		
273	$-\frac{4}{5}$	$-\frac{24}{169}$	$1\frac{9}{14}$	$-\frac{1}{6}$

274 Es gibt keinen Unterschied. Es sind verschiedene Schreibweisen für dieselbe Zahl.

275 Er borgt sich 0,40 € aus.

276

	Sauerstoff	Quecksilber	Wasser
Erstarrungstemperatur	–219 °C	–38,83 °C	0 °C
Siedetemperatur	–183 °C	+356,95 °C	100 °C
Differenz	36 °C	395,78 °C	100 °C

277 Mittelwert: –7,9 °C

278

Datum	Kontostand	Einnahmen	Ausgaben
6.5.	+1 407,20 €		
7.5.	+1 798,03 €	+ 23,78 € +367,05 €	
9.5.	– 228,57 €	+ 73,60 €	–2100,20 €
10.5.	**– 217,77 €**	+ 10,80 €	

279 a)

2			
10	0,2		
–50	–0,2	–1	
–25	+2	–0,1	+10

b)

–65,536			
25,6	–2,56		
–8	–3,2	0,8	
–20	0,4	–8	–0,1

280 a) $-\frac{5}{12}$ b) $-\frac{5}{6}$ c) $-\frac{1}{4}$

281 a) $-1\frac{1}{9}$ b) $+3\frac{7}{9}$ c) $-7\frac{1}{9}$

282 a) $-8\frac{1}{2}$ b) $-2\frac{1}{8}$ c) $+2\frac{1}{2}$

283 a) –0,6; –1,5; –2,4; –3,3; –4,2 b) –0,25; –1,15; –2,05; –2,95; –3,85; –4,75

284 a)

$\frac{1}{2}$	$\frac{7}{9}$	$-\frac{5}{18}$
$\frac{8}{9}$	$-\frac{1}{3}$	$\frac{4}{9}$
$-\frac{7}{18}$	$\frac{5}{9}$	$\frac{5}{6}$

b)

$\frac{1}{4}$	$-\frac{1}{18}$	$\frac{29}{36}$
$\frac{8}{9}$	$\frac{1}{3}$	$-\frac{2}{9}$
$-\frac{5}{36}$	$\frac{13}{18}$	$\frac{5}{12}$

285 B – E – D – A – C

286 $25\frac{3}{6}$ (auch andere Brüche mit Wert $\frac{1}{2}$ möglich)

287 drei mögliche von vielen Lösungen:

a) $50 + 49 + \frac{38}{76} + \frac{1}{2} = 100$ b) $19\frac{3}{6} + 80\frac{27}{54} = 100$ c) $70 + 5\frac{3}{6} + 24\frac{9}{18} = 100$

288

a)	b)	C)	d)	e)	f)	g)	h)
8	17,96	388,79	5	69,4	10,74	15	8,5
T	R	A	U	N	S	E	E

289 52,2 > 25,5 > 25,2 > –25,5 > –52,5

290 a) –2,5 < –2,2; +3,8> –8,3 b) 0 > –6,2; –23 > –32 c) $+2,7 > -\frac{9}{10}$; $-2\frac{9}{10} < -\frac{7}{10}$

291 a) $-\frac{2}{5}$ b) $-\frac{1}{2}$ c) $-1\frac{1}{3}$ d) $-\frac{1}{8}$

292 a) –13,1; 0 b)+5,1; +0,2 c) +15; –801 d) –14 ; –255

293

Datum	Kontostand
6.10.	+3 427,20 €
7.10.	+3 825,03 €
8.10.	+2 828,43 €
9.10.	+ 985,33 €

Flächeninhalt 1

294 a) $u = 23{,}4$ cm; $A = 32{,}4$ cm² b) $u = 2{,}8$ dm; $A = 0{,}48$ dm²
c) $u = 232$ mm; $A = 3\,364$ mm² d) $u = 29{,}6$ cm; $A = 54{,}76$ cm²

295

α	68°	35°	57°	75°	38°	47°	51°	79°
β	71°	45°	32°	36°	96°	62°	57°	49°
γ	41°	100°	91°	69°	46°	71°	72°	52°

296 a) b) c)

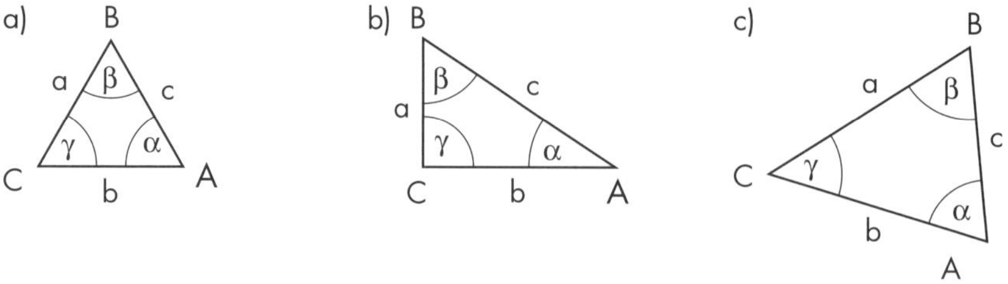

297 Gleichschenkliges Dreieck: 2 gleich lange Seiten, 2 gleich große Winkel
Rechtwinkliges Dreieck: 1 rechter Winkel
Gleichseitiges Dreieck: $\alpha = \beta = \gamma = 60°$, 3 gleich lange Seiten

298 Kontrolle: a) $\gamma = 41{,}1°$ b) $\gamma = 75{,}8°$ c) $\gamma = 47{,}3°$

299 a) $A = 48$ cm² b) $A = 1\,925$ mm² c) $A = 8{,}93$ cm²

300 Kontrolle: a) $b = 8{,}4$ cm b) $a = 3{,}4$ cm c) $c = 136$ mm

301 a) $A = 12$ cm² b) $A = 17{,}875$ cm² c) $A = 14{,}96$ cm² d) $A = 6$ cm²

302 a) $A \approx 13{,}4$ cm² b) $A \approx 18{,}4$ cm² c) $A \approx 13{,}1$ cm² d) $A \approx 9{,}5$ cm²

303 a) $A \approx 3{,}6$ cm² b) $A \approx 1{,}9$ cm² c) $A \approx 2{,}5$ cm²

304 a) $a = 13$ cm b) $b = 14$ cm c) $c = 28$ cm

305 a) $A = 21{,}5$ cm² b) $A = 11{,}5$ cm² c) $A = 13$ cm²

306 $A = 163$ cm²

307 a) 24 m²; 10 m²; 54 m²; 9 m² b) 60 m²; 85 m²; 48 m²; 21 m²
c) 240 m²; 80 m²; 63 m²; 88 m² d) 60 cm²; 72 cm²; 60 cm²; 90 cm²

308 a) 2 Lösungen: $b_1 = 0{,}6$ cm; $b_2 = 8{,}1$ cm b) 1 Lösung: $a = 11$ cm c) 1 Lösung: $a = 5{,}2$ cm

309 a) $b_1 = 5{,}8$ cm; $b_2 = 9{,}4$ cm; $A = 14{,}88$ cm²
b) $a_1 = 5{,}7$ cm; $a_2 = 10{,}1$ cm; $A = 14{,}5$ cm²
c) $b_1 = 6{,}4$ cm; $b_2 = 10{,}7$ cm; $A = 17{,}225$ cm²

310 a) $\approx 4{,}5$ cm² b) $\approx 4{,}1$ cm² c) $\approx 3{,}9$ cm²

311 375 m²

312 a)

Parzellen	1	2	3	4	5	6
ungefähre Fläche in m²	500	320	440	410	210	300

b) Gesamtfläche: 2 190 m²

313 a) $u \approx 19{,}3$ cm; $A \approx 16{,}5$ cm² b) $u \approx 16{,}6$ cm; $A \approx 12$ cm² c) $u \approx 20{,}3$ cm; $A \approx 18$ cm²

314 a) 4 182,48 € b) 6 143,85 € c) 5 089,35 €

315 a) A wird verdoppelt. b) A wird halbiert. c) A wird vervierfacht. d) A bleibt gleich.

316 gleiche Höhe und 52 mm Grundlinie (Summe der 3 Grundlinien)

317 a) $h_b = 4{,}8$ cm b) $h_a = 6{,}8$ dm c) $h_c = 7{,}2$ m d) $h_a = 5{,}2$ cm

318 a) $b = 6$ cm b) $b = 5{,}1$ cm c) $b = 4{,}4$ dm d) $b = 7{,}8$ mm

319 a) $A \approx 11{,}7$ cm² b) $A \approx 6{,}3$ cm² c) $A \approx 6{,}9$ cm² d) $A \approx 21{,}8$ cm²

320 Kontrolle:
a) b = 8,6 cm b) c = 5,2 cm c) c = 4,1 cm d) b_1 = 2,2 cm; b_2 = 10,2 cm

321 a) A = 8,55 cm^2 b) A = 16,415 cm^2 c) 18,2 cm^2 d) A = 9,69 cm^2

322 a) A = 3,24 m^2 b) 2,53 m^2

323 a) a = 3,8 m b) b = 7,3 m c) c = 4,7 m d) a ≈ 9,8 dm

324 A ≈ 812 cm^2

325 A ≈ 5 877 m^2

326 a) h_a = 4 m b) h_a = 9 cm c) h_a = 20 m d) h_a ≈ 3,2 cm

327 h = 20 m

328 h_c = 2,4 dm

329 a)

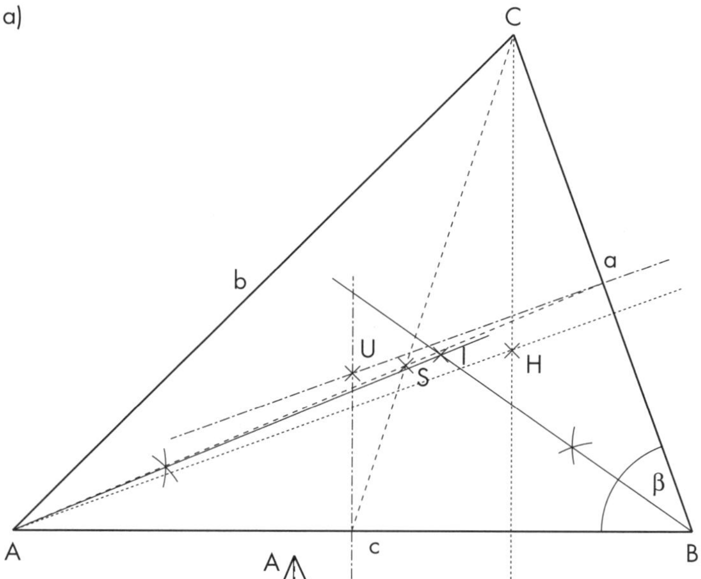

b)

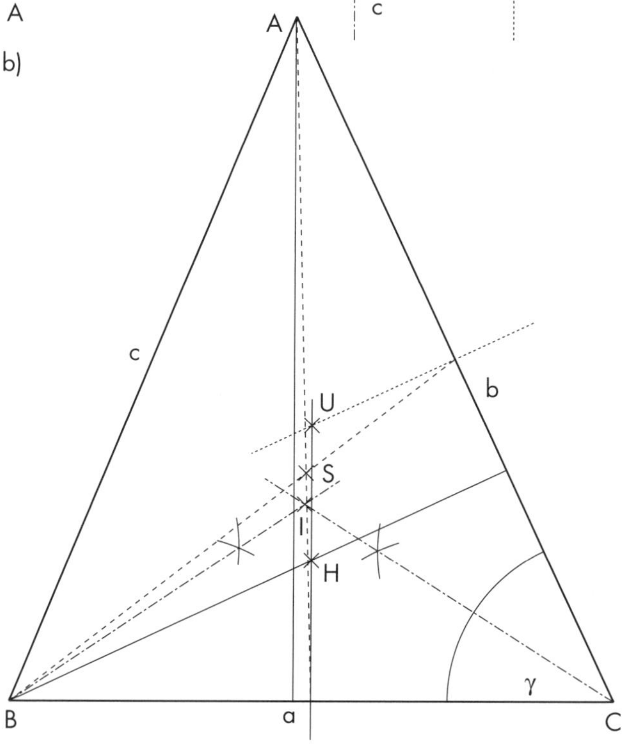

330 $O = 50{,}25\ m^2$

331 a) $h = 18$ cm b) $h = 36$ cm c) $h = 9$ cm d) $h = 12$ cm

332 a) $A = 15{,}84\ cm^2$ b) $A = 19{,}68\ cm^2$ c) $A = 35{,}175\ cm^2$ d) $A = 13{,}02\ cm^2$

333 Maßstab 1 : 1 000 ; $A = 685{,}3\ m^2$

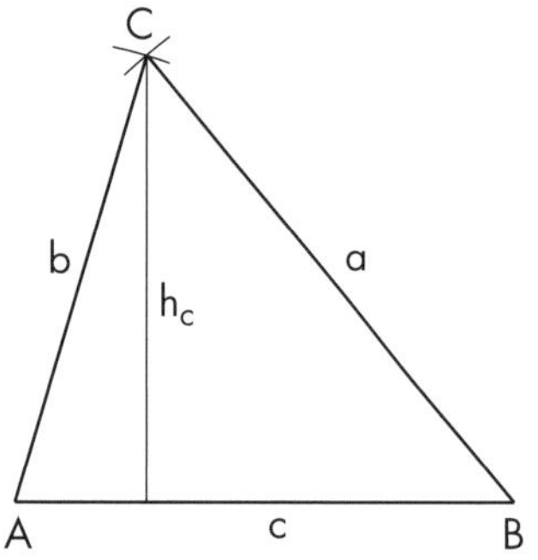

334 ca. $380\ km^2$

335 a) ja b) nein c) ja d) nein e) ja f) ja

336 Weil sie dieselbe Höhe, aber nicht dieselbe Grundlinie haben.

337 $O = 2 \cdot a \cdot h_a$

338 Wähle als Eckpunkt C jeweil einen Punkt auf der oberen Linie.

339 $u = 6 \cdot a$; $A = 3 \cdot a \cdot h_a$

340 a) $A = 258\ cm^2$ b) $A = 20{,}16\ cm^2$ c) $A = 14{,}06\ m^2$ d) $A = 44{,}53\ dm^2$

341 a) $u = 15{,}7$ cm; $A = 11{,}3\ cm^2$ b) $u = 14{,}4$ cm; $A = 8{,}6\ cm^2$
c) $u = 15{,}4$ cm; $A = 9{,}2\ cm^2$ d) $u = 17{,}9$ cm; $A = 10{,}6\ cm^2$

342 a) $u = 19{,}8$ cm; $A = 17\ cm^2$ b) $u = 15{,}7$ cm; $A = 5\ cm^2$
c) $u = 23{,}7$ cm; $A = 23{,}5\ cm^2$ d) $u = 30$ cm; $A = 32{,}5\ cm^2$

343 a) $A = 1\,869\ m^2$ b) $A = 1\,215{,}88\ dm^2$

344 $u = 19{,}6$ cm; $A = 17{,}5\ cm^2$

Der Taschenrechner

345 a) −121,4; ÜR: −50 − 70 = −120 b) −2 652,64; ÜR: 55 · (−50) = − 2 750
c) 41,65; ÜR: 30 + 10 = 40 d) 2,5; ÜR: −60 : (−30) = 2

346 a) −26,298; ÜR: − 35 + 10 = −25 b) −6,96; ÜR: 2 · (−3) = −6
c) −15,06; ÜR: −9 − 6 = −15 d) −2; ÜR: −6 : 3 = −2

347 a) −3 430; ÜR: 200 − 40 · 90 = − 3 400 b) −11,62; ÜR: − 3 − 2 · 4 = −11
c) 5,79375; ÜR: 3 + 9 : 3 = 6 d)13,3; ÜR: 9 + 1 : 0,2 = 14

348 a) − 0,875 b) 3,75 c) 1,88 d) −3,2 e) −6,4 f) 7,24

349 a) −0,5 b) −31 c) −1,6 d) ≈ −6,0357

350 a) 75,24 b) 76,9 c) 54,4 Das Ergebnis aus c) liegt 60 am nächsten.

351 a) $14 + \frac{5}{8} =$ b) $28 - \frac{3}{5} =$

352 a) 346 ohne TR b) −1 ohne TR c) $-\frac{1}{4}$ ohne TR
d) $8\frac{3}{4}$ mit TR e) 98,3 mit TR f) 15,4 ohne TR

353 a) 5,15; ÜR: (−4 + 5) : 0,2 = 5 b) 333,35946; ÜR: −36 · (4 −2) · (5 − 10) = 360
c) 25,97; ÜR: (24 + 8) − (−4 + 9) = 27 d) 4,2; ÜR: (−83 + 67) : (−4) = 4

354 a) −1,875 b) $2,\dot{3}$ c) −3,0625
d) 1,96 e) −2,375 f) 2,072

355 a) 401,286 b) −554,97 c) 887,952 d) −1 997,892

356 –

357 a) 498,96; ÜR: 6 · (87 + 3) = 540 b) 54,72; ÜR: (−5 + 65) · (5 · 0,2) = 60
c) −40,2; ÜR: (83 − 3) : (−2) = −40 d) 278,632; ÜR: 6 · (4 · 9 + 9) = 270

358 −101,25; 2 937,5

359 a) 36 b) −50,5 c) −5,228125 d) $\frac{1}{256}$

360 a) BOB b) SIE c) HOBEL d) GEL e) LOB f) EILE

361 a) f; +165,5 b) r c) r d) f; +1,5

362 3,08

363 a) −252 b) 13

364 1) −3,7 2) −10,7 3) 32,8 4) −10,5 5) −16,9
6) −1,4 7) 60 8) 2 9) −2 10) −10

365 1) −1 056,4 2) 127,776 3) 2,24
4) 1 5) 15 664,29 6) 18 439,8576

366

6	3		2	4	1	9	2		4
0	0	8	5		3		5	2	0
	1			3	3	5	1	1	0
7	0	2	0		1	6	8	6	0
7		9	1	1		9		5	7
9	0	4	0	0	0				0

367 ≈ 1,66 m

368 a) −123,6 b) 6 c) 38,65 d) 11,1

369 a) −3 855; 6,66 b) 5,5; 16,95

370 a) −2,4; 2,56 b) 1,6; −2,75 c) −1,75; 10,58

371 a) −16,66 b) 486,65088 c) −36,99 d) 12,36

Potenzen

372 a) 7^3; 10^3; $(-1,5)^2$ b) 12^4; $0,3^3$; 500^2 c) $0,4^3$; $(-8)^4$; $\left(\frac{1}{5}\right)^2$

373 a) 16; 25; 8 b) 36; 100; 27 c) 81; 121; 1 000 d) 144; 400; 125

374 a) 9; 0; 100 b) 4; 0,01 ; 2 500 c) 125; –0,008; 10 000 d) –8; –36; 36

375 a) $\frac{1}{4}$ b) $\frac{1}{9}$ c) $\frac{4}{25}$ d) $\frac{9}{64}$

376 a) 2; 6; 8 b) 3; 7; 5 c) 4; 10; 9 d) 11; 20; 100

377 a) negativ b) positiv c) negativ d) positiv

378 $4^2 = 16$; $7^2 = 49$; $2^2 = 4$; $9^2 = 81$; $10^2 = 100$; $5^2 = 25$; $8^2 = 64$; $1^2 = 1$; $3^2 = 9$; $6^2 = 36$

379 a) 36; 3 600; 360 000 b) 81; 8 100; 810 000
c) 144; 14 400; 1 440 000 d) 225; 22 500; 2 250 000

380 a) 0,16; 0,0016 b) 0,49; 0,0049 c) 0,81; 0,0081 d) 1,21; 0,0121

381 a) f, r, f (0,25) b) r, r, f c) f (8), f $\left(\frac{1}{8}\right)$, r d) r, r, r $\left(\frac{1}{8}\right)$

382 a) 10^5; 10^3 b) 10^9; 10^7 c) 10^6; 10^8

383 a) $5 \cdot 10^2$; $8 \cdot 10^3$; $4 \cdot 10^5$ b) $2 \cdot 10^3$; $6 \cdot 10^4$; $2 \cdot 10^6$

384 a) 1 000; 100 b) 10 000; 10
c) 100 000; 1 000 000 d) 100 000 000; 10 000 000 000

385 a) 400; 20 000; 70 b) 600 000; 800 000 000; 50 000 000 000

386 a) 250; 3 600 b) 3 800; 55,1 c) 71 000; 9 520 d) 730; 63 400

387 a) 480 000; 25 000 b) 99 000; 27 000 000
c) 12 300; 9 040 000 d) 4 700; 290 000

388 a) 10^3; 10^4; 10^6 b) 10^6; 10^8; 10^7

389 a) 10^6; 10^9 b) 10^7; 10^{10} c) 10^{13}; 10^8 d) 10^7; 10^9

390 a) 100; 1 000 b) 100; 1 000 c) 1; 10 000

391 a) 10; 10^2 b) 10; 10^5 c) 10; 1 d) 10^4; 10^2

392 a) $10^5 : 10^4 < 10^7 : 10^2$ b) $10^6 : 10^5 = 10^4 : 10^3$

393 a) x^3; $(-a)^3$; m^5 b) k^4; $(-z)^3$; $(2a)^2$ c) $27b^3$; x^5; $-k^3$

394 a) 196; 225; 16 b) 256; 1,21; 125
c) 361; 1,69; 64 d) 1,44; 40 000; 216

395 a) 49 ; 25; 512; –1 b) 1; 0,04; –0,027; –49 c) 10 000; 4 900; 640 000; 6,25

396 a) $\frac{1}{8}$ b) $\frac{1}{144}$ c) $-\frac{4}{25}$ d) $\frac{49}{64}$

397 a) 1 000 000 b) 512 c) 125 000 000 d) 1 728

398 a) 343; 1,69; 529 b) 729; 13 824; 1,728
c) 3 375; 19 683; 5 041 d) 1 331; 4 096; 4 0 96

399 a) 0,390625; 0,390625; – 0,390625 b) 0,5625; 0,5625; – 0,5625 c) $\frac{4}{9}$; $\frac{4}{9}$; $-\frac{4}{9}$

400 a) x^5; a^4; $5s^4$ b) k^3; $5n^5$; $3b^{11}$ c) z^6; $2k^9$; l^6

401 a) 7^2; 24 b) 19^2; 56^2 c) 11; 3^3 d) 1; 7^3

402 a) 3x; 5m; 1 b) $10a^2$; $5z^2$; 5k

403 a) 35 000 000; 72 000 000 000 b) 47 000; 92 000 000
c) 6 600 000 000; 3 500 d) 480 000 000; 8 800 000

404 395 824 km

405 a) 5; 2 b) 6; 3 c) 8; 7 d) 10; 9

406 a) 40; 90 b) 20; 300 c) 50; 60 d) 30; 70

407 a) 0,4; 0,9 b) 0,3; 0,6 c) 0,5; 0,2 d) 1,2; 1,1

408

a^2	16	0,09	2,25	2,56	196	4 900
a	4	0,3	1,5	1,6	14	70

409 $441 = 21^2$; $289 = 17^2$; $1\,296 = 36^2$; $324 = 18^2$; $625 = 25^2$; $361 = 19^2$; $225 = 15^2$

410 a) 5,48; 0,55 b) 26,46; 2,65 c) 1,73; 17,32 d) 10,49; 1,05

411 a) a = 60 cm b) a = 0,2 m c) a = 130 m d) a = 70 dm

412 a) a = 4 cm b) a = 5 cm c) a = 9 cm d) a = 10 m

413 a) $\sqrt{85} \approx 9{,}2...$ b) $\sqrt{70} \approx 8{,}...$ c) $\sqrt{55} \approx 7{,}4...$ d) $\sqrt{110} \approx 10{,}5...$

414

Mars	Daten	Gleitkommadarstellung (gerundet)
Durchmesser	6 974 km	$6{,}974 \cdot 10^3$ km
Oberflächeninhalt	144 000 000 km^2	$1{,}44 \cdot 10^8$ km^2
Masse	641,85 Trillionen t	$6{,}4185 \cdot 10^{20}$ t
Kleinster Erdabstand	55,7 Mill km	$5{,}57 \cdot 10^7$ km
Größter Erdabstand	401,3 Mill km	$4{,}013 \cdot 10^8$ km
Entstehung vor ca.	4,5 Mrd Jahren	$4{,}5 \cdot 10^9$ Jahren

415

Erde	Daten	Gleitkommadarstellung
Durchmesser	ca 13 948 km	$1{,}3948 \cdot 10^4$ km
Oberflächeninhalt	ca 576 000 000 km^2	$5{,}76 \cdot 10^8$ km^2
Masse	ca 6,4185 Trilliarden t	$6{,}4185 \cdot 10^{21}$

416 a) 6^3; 8^3 b) 11^2; $0{,}2^3$ c) $0{,}1^3$; $(-3)^4$

417 a) 4; 4 b) 16; 0,04 c) 64; –0,027 d) –1; –49

418 a) 16; 1 600; 160 000 b) 36; 3 600; 360 000
c) 169; 16 900; 1 690 000 d) 256 ; 25 600; 2 560 000

419 a) 7^4; 21^4 b) 15^2; 26^2 c) 11^9; 8^9 d) 1 ; 5^3

420 a) 9; 20 b) 7; 30 c) 11; 0,7 d) 100; 0,09

Terme 1

421 a) $\frac{x}{2}$ b) $b + 3$ c) $2 \cdot z$ d) $2 - z$

422 a) $4x - y$ b) $a - b + 2,5$ c) $m + n - 10$ d) $\frac{k}{l} + 3$

423 a) $1,5 \cdot 2 + 4 = 7$ b) $(3,5 + 4,5) : 10 = 0,8$ c) $\frac{124}{2} + 69 = 131$ d) $\frac{45}{15} \cdot 2 = 6$

424 $8x + 8x + 8x + 4x + 4x + 2x + 2x = 36x$

425 a) $k + 3n + m$ b) $x + 2y + z$ c) $x + y + 2z$

426 a) b) c) d)

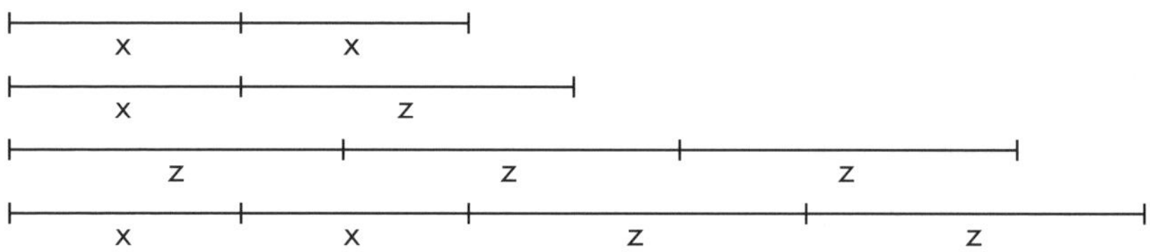

427 a) 3 b) 5 c) 7 d) 15

428

Monom	Binom	Polynom
$4s$ a^2	$k - 2$ $3a + 4b$	$3n \cdot (3a - 2)$ $3a + 6b - 2c + 2a$

429 a) $3a$ b) $5z$ c) $4s$ d) $7o$

430 a) $5h$; $4f$ b) $4a$; $7m$ c) $10m$; 0 d) $9k$; $7t$

431 a) $2e + 3r$; $-y$ b) $4k + 2l$; $2p - 2t$

432 a) $9b$ b) $3n$ c) $3b - 3a$ d) $-2a - 11b$

433 a) $5,1a - 3,6b$ b) $7,9h$ c) $-4,6x + 3,5t$ d) $11,7m + 3,8$

434 a) $14,5a$ b) $7,4y$ c) $14,7x$ d) $2\,220,111z$

435 a) $12x + 5$ b) $-2a + 2b$ c) $17k - 2,5$ d) $9,7z - 2$

436 a) $x + y$ b) $9y - 5,2x$ c) $-2x - 5,5y$ d) $4x$

437 a) $4z$; z b) $4z$; $4z$

438 $30b$; 60 cm

439

a	b	① $2a + b$	② $a + 2b$	③ $a - b + 2$	④ $3 . (a + b)$
4	2	10	8	4	18
5	0,5	10,5	6	6,5	16,5
1,2	0,4	2,8	2	2,8	4,8
–3	+1	–5	–1	–2	–6

440 a) 2 b) 4 c) 5 d) 6

441 a) $\frac{7z}{6} = 1\frac{1}{6}z$ b) $\frac{7a}{8}$ c) $\frac{z}{2}$ d) $\frac{3a}{8}$

442 a) $23\frac{3}{10}x$ b) $1\frac{1}{2}x$ c) $1\frac{3}{8}y$ d) $-\frac{3}{8}y$

443 a)

$\frac{4x}{5}$	$1\frac{4x}{5}$	$\frac{2x}{5}$
$\frac{3x}{5}$	x	$1\frac{2x}{5}$
$1\frac{3x}{5}$	$\frac{x}{5}$	$1\frac{x}{5}$

b)

$\frac{6k}{8}$	$\frac{k}{3}$	$\frac{5k}{12}$
$\frac{k}{6}$	$\frac{k}{2}$	$\frac{5k}{6}$
$\frac{7k}{12}$	$\frac{2k}{3}$	$\frac{k}{4}$

444 a) $3x^2$; $2k^2$ b) $8b^2$; $6m^2$ c) $7i^3$; $3z^3$

445 a) $4{,}2z^3$ b) $10{,}4s^4$ c) $14{,}7t^5$ d) $-0{,}4u^3$

446 a) $2{,}6m^3 + 6{,}4m^2 - 2m$ b) $9{,}7n^4 + 3{,}5n^2 - 7n$ c) $1{,}5k^5 + 16{,}4k$ d) $-0{,}8t^2 + 1{,}1t + 9$

447 a) $0{,}5s^2 + 4t^2$ b) $13u^3 + v^3$ c) $0{,}9z^5 + 2{,}4w^5$ d) $-0{,}8c^2 + 5{,}8d^2$

448 a) $5x^3 + 3x^2 - 4x$ b) $-5x^3 - x^2 + 10x$ c) $-6x^3 - 3x^2 + 6x + 10$ d) $5x^4 + 2x^3 + 7x^2 - 2x$

449 a) $4x + 11$ b) $2x + 2$ c) $9x - 2$ d) $28 - 2x$

450 a) $7a + 3b$ b) $6x - 4z$ c) $-7t + 15z$ d) $-k + 6l$

451 a) $-4y$ b) $z - 8x + 1$ c) $4m - n + 2$ d) $-6c + d$

452 a) $-2s^2 - 2s + 2$ b) $8s^2 - 10s - 2$ c) $s^3 + s^2 + 2s$ d) $-9s^3 + s^2 + 6s$

453 a) $2 \cdot x$ b) $2x + 1$ c) $4x - 1$

454 a) 1 b) $\frac{4}{3}$ c) $\frac{2}{5}$ d) $\frac{2}{3}$

455 a) 0 b) -3 c) -2 d) 0

456 a) $-\frac{3}{2}$ b) 2 c) -3 d) -1

457 a) $3{,}05a$ b) $1{,}75\,x$ c) 0 d) $\frac{1}{8}c$

458 a) $-1{,}5s^3 + 3{,}2s^2 + 4{,}25s$ b) $\frac{3}{5}s^3 + 1{,}1s$ c) $\frac{1}{10}s^2 - \frac{1}{10}s + \frac{3}{10}$ d) $0{,}25s^2 - \frac{1}{10}s$

459

	x	y	z	y – z	x + (y – z)	x + y – z	x – (y – z)	x – y + z
a)	5	4	3	1	6	6	4	4
b)	6	2	–2	4	10	10	2	2
c)	3	0	–3	3	6	6	0	0

460 a) $3n^2 - 2n^2 = n^2$; $-3s^3 - 3s^3 = -6s^3$
b) $2p^2 - (-4p^2) = -6p^2$; $-5x^3 - (+5x^3) = -10x^3$
c) $10a + (-10a + 4a^3) = 4a^3$; $3m^3 + 2m^3 - 7m^3 = -2m^3$

461 a) $4x + y$ b) $x + 10y$ c) $2x + 7y + 45$ d) $13x + 4y - 2$

462 a) $2x - (x + 3x) = -2x$ b) $8x - (3x + x) = 4x$
c) $(8x + 5x) - 6x = 7x$ d) $6x - (8x - 2x) - x = -x$

463 a) $\frac{3x + 10z}{4}$ b) $\frac{x + 15z}{2}$ c) $\frac{30x^2 - 2x - 7z}{3x}$

464 a) $\frac{7x - 6y + 9z - 1}{2x}$ b) $\frac{9x + 2y + 7z}{3x}$

465 a) $5n$ b) 4 c) ja

466 COMENIUS

467 MITTAGSPAUSE

468 –

469 a) $4a - b$ b) $a - b + 3{,}8$ c) $a + c - 13$ d) $(a - b) \cdot 100$

470 a) -1 b) 2 c) 5 d) 14

471 a) $14b$ b) $5n$ c) $-6a + 9b$ d) $-10b - 2s$

472 a) $-1{,}4m^3 + 3{,}4m^2 - 2m$ b) $9{,}7n^4 + 7{,}5n^2 - 2n$ c) $-5{,}5k^5 + 6{,}4k$ d) $-0{,}8t^2 - 3{,}9t + 9$

473 a) $x - 4y$ b) $-8x - z + 1$ c) $-m - n + 2$ d) $-2c - 3d$

Terme 2

474 a) $s \cdot t$ b) $2uv$ c) $8ab$ d) $72\,cg$

475 a) $4k$ b) $16v$ c) $24m$ d) $9{,}6c$

476 a) $12ab$; $14bc$ b) $6xy$; $15abc$ c) $-24st$; $-48xyz$

477 a) $-15c$; $6{,}4a$; $6st$; $-15b$
b) $-3cd$; $-8d$; $50a$; $-8abc$
c) $-48d$; $12ab$; $-7mn$; $-169xy$

478 jeweils gleich a) $-10pr$ b) $6axy$ c) $-24kny$

479 a) $3a + 18$; $28 + 4m$; $10c + 5d$
b) $7m - 21$; $3x - 15$; $15a - 25$
c) $-6k - 3kl$; $15ac + 20bc$; $6xy + 14yz$

480 a) k; 14; 3 b) 2; 4; $\frac{7}{2}$ c) -2; 8; -21

481 a) $1{,}2$; $-\frac{4x}{5}$; $-\frac{35}{2}$ b) $-1{,}1b$; $-\frac{12}{5}$; $-0{,}14$ c) $-7{,}1s$; $0{,}2$; $\frac{24p}{5}$

482 a) $-5x$; $-4b$ b) $-16xy$; $-9{,}1m$

483 $2 \cdot x \cdot 2 \cdot y = (-2x) \cdot (-2y) = 4xy$; $-x \cdot 2 \cdot y = -2xy$

484 a) $6x^2$; $5a^3$; $-12k^5$ b) $15x^3$; $6a^4$; $8t^4$ c) $14x^3$; $-6s^4$; $50r^7$ d) $8t^6$; $3x^3$; $6m^5$

485 a) $6{,}5x^3$; $-0{,}25m^6$; $0{,}9x^4$ b) $-7m^4$; $37{,}5x^5$; $7{,}4k^4$ c) $9x^4$; $-35{,}2k^3$; $9g^4$

486 a) $-\frac{3}{8}a^2$; $-\frac{1}{20}b^2$ b) $-\frac{3}{20}a$; $-\frac{1}{8}a^3$ c) b^2; $-a^3$

487 a) $8b^3 - 24bc^2$ b) $4s^2t - 10st^2$ c) $6k^2s^2 + 10k^3$ d) $16x^3 - 80x^3y^2$

488 a) $10b^5 - 24b^2c^2$ b) $16s^2t - 11st^4$ c) $-7k^3s^2 - 10k^3$ d) $-16x^3 - 12x^4y^2$

489 a) $5s^2$; $2k$ b) $-14x$; $8c^2d^2$ c) $5xy$; $-3kl^2$

490 a) $5x^2 + 3x$ b) $3a^2 - 5b^2$ c) $3b^3 - 2$ d) $6y + 3xy$

491 a) $0{,}5x - y$ b) $-3{,}6ab + a$ c) $-1{,}6mn^2 + 10n^3$ d) $0{,}5x - 0{,}5$

492 a) $3 \cdot (x + y)$ b) $5 \cdot (3k - 4l)$ c) $4s \cdot (t - 2)$ d) $3a \cdot (a - 2)$

493 a) $5 \cdot (b - 2c)$ b) $-6 \cdot (4x + 5)$ c) $15k \cdot (1 + 3l)$ d) $7ab \cdot (5a^2 + b)$

494 a) $u \cdot (4 + 2u^2 - u)$ b) $3u \cdot (3u + u^2 - 2)$ c) $3x \cdot (6x^2 - 4x + 3)$ d) $6 \cdot (4x^2 + 1 + 2x)$

495 a) $0{,}9e \cdot (3d - 5f)$ b) $1{,}2h \cdot (g + 3i)$ c) $3x \cdot (1{,}3x - 1)$ d) $4r^2 \cdot (0{,}4p + 1)$

496 a) $\frac{1}{2}x \cdot (\frac{1}{2}xy + y + \frac{1}{2})$ b) $\frac{1}{5}xy^2(3x^2y - 3 + x)$
c) $-\frac{1}{2}x^2y \cdot (x + \frac{3}{2}xy^2 + \frac{3}{2}y^2)$ d) $\frac{1}{10}x^3y \cdot (8xy + 3y + 2)$

497 a) $2xz$; $x \neq 0$ b) $9x^3$; $x, z \neq 0$ c) $-2x^3$; $x \neq 0$ d) 1; $x \neq 0$

498 a) $\frac{3a^2}{4}$; $\frac{1}{3}$ b) $\frac{2a^4}{5}$; $\frac{5}{8}$ c) a^3; $\frac{25}{4a}$ d) $\frac{4a^5}{10} = \frac{2a^5}{5}$; $\frac{5a}{8}$

499 $\left(\frac{a}{2}\right)^2 = \frac{a^2}{4} = \left(-\frac{a}{2}\right)^2 = 0{,}25a^2$; $\frac{a^2}{2} = 0{,}5a^2$; $-\frac{a^2}{4} = -\frac{a^3}{4a} = -\frac{3a^2}{12}$

500 a) f; $3 \cdot (2x + x^2 - 4)$ b) f; $4x \cdot (2x^2 + 3y^2)$ c) r d) r

501 a) $\frac{15a^4}{16}$ b) $\frac{3}{5}$ c) $5a^2$

502 a) $15bc$ b) $-16x$ c) $3ab$ d) $324xy^2 + 3y$

503 a) $10ab$ b) $9ac$ c) $-20x$ d) $-21{,}8xy$

504 a) $4c - 12f$ b) $-c + 3d$ c) $27c - 9f$ d) $-10g - 2h$

505 a) $59g - 22h$ b) $16c - 20e$ c) $-12a + 15b$ d) $39m - 21n$

506

	a	b	a^2	b^2	$a^2 + b^2$	$a^2 - b^2$
1.	$2x$	$3y$	$4x^2$	$9y^2$	$4x^2 + 9y^2$	$4x^2 - 9y^2$
2.	$-4k$	$+3z$	$16k^2$	$9z^2$	$16k^2 + 9z^2$	$16k^2 - 9z^2$
3.	$15s$	$16t$	$225s^2$	$256t^2$	$225s^2 + 256t^2$	$225s^2 - 256t^2$
4.	$-1,2r$	$1,5t$	$1,44r^2$	$2,25t^2$	$1,44r^2 + 2,25t^2$	$1,44r^2 - 2,25t^2$

507 a) $64x^2$ b) $196a^2m^2$ c) $2\,401k^2r^2$ $2\,704l^2s^2$

508 a) $15x$ b) $7,2g$

509 a) $\frac{x \cdot y}{2}$ b) $3vs$ c) $\frac{3 \cdot a \cdot h}{2}$

510 a) $20x$ b) $24a$ c) $16r + 16p$

511 a) $7xy^2z$ b) $18s^2t$ c) $36a^2b$ d) $a^2 - 2a$

512 a) $-6y$ b) $\frac{20y}{x}$ c) $\frac{27axy}{5}$ d) $3y$

513 a) $24bc$ b) $\frac{4ab}{3c}$ c) 0 d) $\frac{km}{3}$

514 1) $a^3 - b^3$ 2) $a^3 - 2a^2b + 2ab^2 + b^3$ 3) $a^3 + 2a^2b - 2ab^2 + b^3$ 4) $a^3 + b^3$

515 a) $11x^2 - 24x$ b) $14x^3 + 3x^2 + 8x - 64$

516 a) $4x \cdot (1 - yz)$ b) richtig c) richtig d) $4r \cdot (4s - 5r)$

517 a) $(a + b) \cdot (3 - 5a)$ b) $2(2 + 5y) \cdot (2x - 1) \cdot 2$ c) $(6k + 5) \cdot (1 - m)$ d) $(2s + 3t) \cdot (1 + 2a)$

518 –

519 a) $18ab$ b) $8bc$ c) $35xy$ d) $42abx$

520 a) $3b + 6$; $54 - 6m$ b) $7m - 14$; $9c - 27$ c) $-6k - 9kl$; $20u^2 + 16uv$

521 a) $4k$; 6 b) 32; 10 c) -4; $\frac{25}{2}$

522 a) $10a^5 - 24a^2s^2$ b) $12a^2t - 22at^4$ c) $-14k^3d^2 - 20k^3$ d) $-30x^3 - 7,5x^4y^2$

523 a) $3 \cdot (5x + y)$ b) $5c \cdot (5b - 2)$ c) $4 \cdot (3k - 5m)$ d) $-17 \cdot (2x - 1)$

Flächeninhalt 2

524 a) Kontrolle: h_a = 4,7 cm; A = 28,2 cm^2
c) Kontrolle: h_a = 4,2 cm; A = 29,4 cm^2
b) Kontrolle: b = 4 cm; A = 23,2 cm
d) Kontrolle: b = 1,7 cm; A = 6,3 cm^2

525 a) u = 10,4 cm; A = 5,58 cm^2
b) u = 11,8 cm; A = 3,87 cm^2

526 a) 1 215 cm^2 b) 1 508 dm^2 c) 10,14 m^2
d) 112 cm^2 e) 40,96 dm^2 f) 46,44 m^2

527 a) Kontrolle: β = 56°; A = 22,5 cm^2
c) Kontrolle: d = 4,3 cm; A = 26,4 cm^2
b) Kontrolle: δ = 46°; A = 54,5 cm^2
d) Kontrolle: b = 4,2 cm; A = 10,05 cm^2

528 a) u = 11,2 cm ; A = 6,5 cm^2
b) u = 11,8 cm ; A = 7,6 cm^2

529 a) 44,4 cm^2 b) 41,5 dm^2 c) 21,5 cm^2 d) 109,8 m^2 e) 120 m^2

530 a) 160 cm^2 b) 180 dm^2 c) 80 cm^2 d) 1 600 m^2 e) 15 000 m^2

531 3,564 m^2

532 21,483 m^2

533 zB:

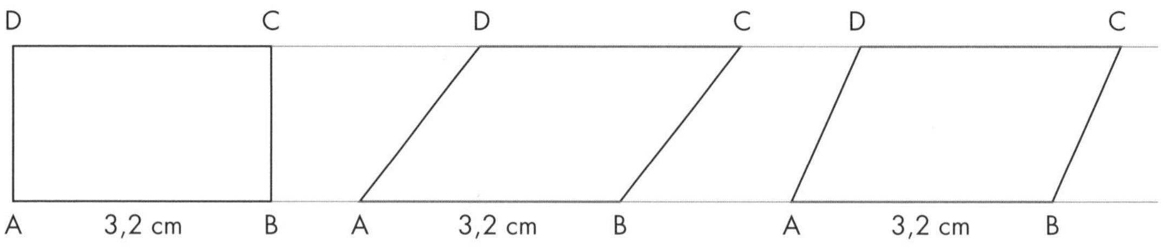

534

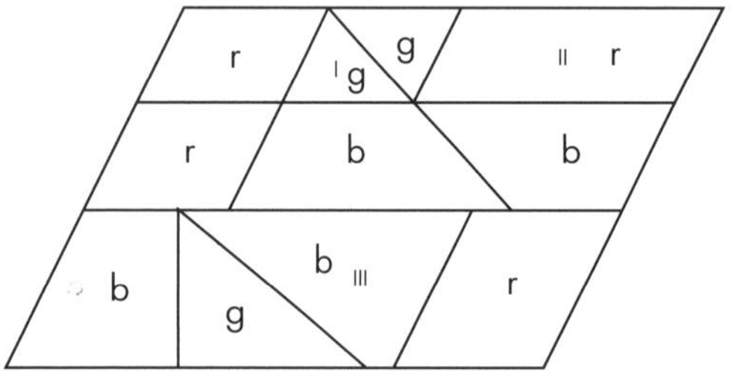

A_I = 1,4 cm^2
A_{II} = 5,6 cm^2
A_{III} = 10 cm^2

535 –

536 vgl. Seite 102 oben

537 $a \parallel b$, $\alpha + \delta = \beta + \gamma = 180°$

538 a) Kontrolle: b = 6,5 cm; A =32,76 cm^2
c) Kontrolle: h_a = 5,5 cm; A = 45,1 cm^2
b) Kontrolle: h_a = 4,4 cm; A = 30,8 cm^2
d) Kontrolle: b = 5,7 cm; A = 21,5 cm^2

539 I: 53 625 €; II: 113 256 €; III: 108 376 €; IV: 124 338,5 €

540 a) A wird verdoppelt. b) A wird verdreifacht. c) A wird verdoppelt.
d) A wird vervierfacht. e) A wird geviertelt.

541 a) A = 6,75 cm^2
b) A = 11,7 cm^2
c) A = 13,3 cm^2
d) A = 13,5 cm^2

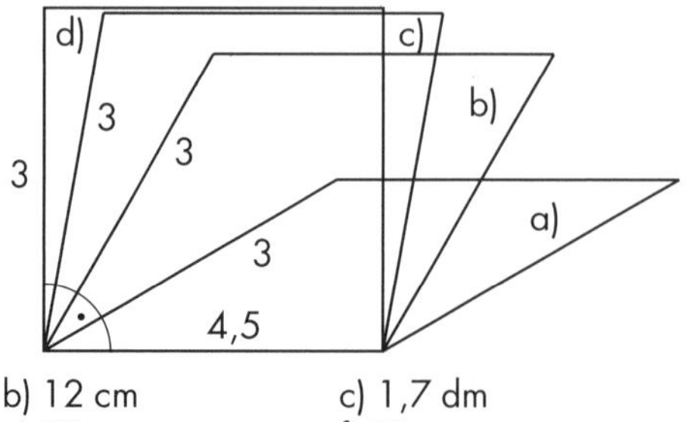

Von a) nach d) wächst α,
a und b sind gleich lang.
h_a wird größer und auch
der Flächeninhalt wird größer.

542 a) 19,35 cm^2 b) 12 cm c) 1,7 dm
d) 16 m e) 75 m f) 81 m

543 91,8 m^2; verschiedene Lösungen

544 –

545 1,152 m^2

546 a) 164 m^2 b) 47,5 m^2 c) 11,64 m^2

547 a) $u = 234$ mm ; $A = 2\,855$ mm^2 b) $u = 206$ mm; $A = 2\,200$ mm^2
c) $u = 230$ mm; $A = 2\,660$ mm^2

548 a) $u = 220$ mm; $A = 2\,680$ mm^2 b) $u = 173$ mm; $A = 1\,670$ mm^2
c) $u = 198$ mm; $A = 2\,145$ mm^2

549 5 737,50 €

550 52,5 cm^2

551 a) Kontrolle: $b = 3{,}7$ cm; $A = 16{,}45$ cm^2 b) Kontrolle; $h_a = 38$ mm; $A = 1\,981$ mm^2
c) Kontrolle: $h_a = 53$mm; $A = 2\,072$ mm^2 d) Kontrolle: $b = 44$ mm; $A = 1\,312$ mm^2

552 a) $c = 12$ mm; $u = 184$ mm, $A = 1\,680$ mm^2 b) $c = 129$ mm; $u = 299$ mm; $A = 4\,027{,}5$ mm^2
c) $c = 49$ mm; $u = 254$ mm, $A = 3\,600$ mm^2 d) $c = 13$ mm; $u = 109$ mm; $A = 598{,}5$ mm^2

553 ① $a \cdot (a - 2)$ ② $a \cdot (a + 3)$ ③ $(a + 3) \cdot a$

554 a) A wird verdoppelt. b) A wird größer. c) A wird verdoppelt. d) A wird halbiert.

555 ca. 722

556 a) 3 015 mm^2 b) 34 m c) 36 dm d) 14,25 km^2

557 840 Platten

558 11,16 m^2

559 56 m

560 D (–4/8); $A = 60$ cm^2

561 20 m

562 8 253,44 €

563 39,68 dm^2

564 I: 72 cm^2; II: 276 cm^2; III: 132 cm^2

565 a) 4 b) 1 c) 2 d) 3

566 –

567 $h = 4$ cm b) $h = 5$ cm
c) zB $c = 2$ cm, $h = 5$ cm d) zB $c = 1$ cm, $h = 5$ cm

568 a) Rechteck, Raute, Quadrat, Parallelogramm b) Rechteck, Quadrat c) Dreieck
d) alle Vierecke e) Trapez
f) gleichschenkliges Trapez g) Parallelogramm, Trapez

569 a) DFB oder AEC b) CBED, ABFE
c) DFCB, DFBA, DECA, EFCA d) ABED, BCFE, DFCA

570 Grundlinie = a + c, halbe Parallelogrammfläche

571 $A = m \cdot h$

572 Kontrolle: $b = 5{,}6$ cm; $A = 35{,}51$ cm^2

573 3,6 m

574 a) Kontrolle: $c = 39$ mm; $A = 2\,115$ mm^2 b) Kontrolle: $c = 31$ mm; $A = 2\,323$ mm^2

575 a) $A = 2\,184$ mm^2 b) $h = 3{,}8$ cm c) $a = 45$ m d) $c = 62$ dm

576 62,5 m^2

Terme 3

577 a) $A = (c + d)(e + f) = ce + cf + de + df$ b) $A = (u + v) \cdot r + s \cdot z = ur + vr + st$

578 a) $xy + 3x + 2y + 6$ b) $xy + 2x - 4y - 8$ c) $3x + xy + 3 + y$ d) $2x + 10 + xy + 5y$

579 a) $ac + ae + bc + be$ b) $km + kn + 2lm + 2ln$ c) $xy + 2x + 2yz + 4z$ d) $rt + 2ru - 3st - 6su$

580 a) $8ps - 24pz + rs - 3rz$ b) $21rp + 9rq - 35ps - 15qs$
c) $10yz - 6xz + 30y - 18x$ d) $6ac + 8ad - 3bc - 4bd$

581 a) $6x^2 - 18x + 12$ b) $6a^2 + 13a - 28$ c) $15r^2 - 11r - 14$ d) $8x^2 - 30x - 27$

582 a) $6m^2 - 10mn - 4n^2$ b) $14x^2 + 25xz + 9z^2$ c) $7v^2$ +isahhd
$11vw - 6w^2$ d) $2x^2 + 7xy - 72y^2$

583 a) $6x^2 + 13xy + 6y^2$ b) $-2x^2 + 3xy - y^2$ c) $-2y^2 + y + 15$ d) $12x^2 + 34xy - 6y^2$

584 a) $4x^2 + 16x + 16$ b) $9a^2 - 30a + 25$ c) $k^2 + 14k + 49$ d) $16t^2 + 16tu + 4u^2$

585 a) 121; 225 b) 144; 256 c) 169; 289 d) 196; 324

586 a) $15a^3 - 7a^2 + 3a + 1$ b) $15a^3 - 29a^2 + 62a - 30$
c) $6a^3 - 2a^2 - 4a + 4$ d) $-4a^3 + 4a^2 + 18a + 10$

587 a) $4a^3 + 2a^2 + 8a + 4$ b) $6r^3 + 7r^2 - 3r$ c) $2t^3 - 5t^2 - 3t$ d) $-10u^3 - 21u^2 + 10u$

588 a) $4x^2 + 4xy + y^2$; $49k^2 - 14kl + l^2$ b) $x^2 - 4xy + 4y^2$; $16d^2 - 16de + 4e^2$
c) $9s^2 + 6st + t^2$; $4f^2 - 28fg + 49g^2$ d) $16c^2 + 8cd + d^2$; $36f^2 - 36fg + 9g^2$

589 a) $a^2 - 1$ b) $s^2 - 9$ c) $4s^2 - 25$ d) $4a^2 - 16$

590 a) $s^2 - 4$; $49d^2 + 70d + 25$ b) $4k^2 - 28k + 49$; $16b^2 - 25$
c) $81i^2 + 126ij + 49j^2$; $4a^2 - 28ab + 49b^2$ d) $9w^2 - 49$; $-9 - 16v^2$

591 a) $9b^2 - 24b + 16$; $b^2 - 4b + 4$ b) $b^2 + 14b + 49$; $16b^2 + 48b + 36$ c) $4b^2 - 9$; $25b^2 - 4$

592

	$a^2 - b^2$	a^2	b^2	$(a + b) \cdot (a - b)$
a)	$9a^2 - 9$	$(3a)^2$	3^2	$(3a + 3)(3a - 3)$
b)	$25s^2 - 36$	$(5s)^2$	6^2	$(5s + 6)(5s - 6)$
c)	$36k^2 - 9m^2$	$(6k)^2$	$(3m)^2$	$(6k + 3m)(6k - 3m)$
d)	$1{,}44 - 4x^2$	$1{,}2^2$	$(2x)^2$	$(1{,}2 + 2x)(1{,}2 - 2x)$

593 a) $(3x + 3)(3x - 3)$; kein Produkt b) kein Produkt; kein Produkt
c) $(2d + 2)(2d - 2)$; kein Produkt d) $(3f + 2g)^2$; $(3f - 2g)^2$

594 $(x + 1)^2 = x^2 + 2x + 1$; $4x^2 - 9 = (2x - 3)(2x + 3)$; $4x^2 + 4x + 1 = (2x + 1)^2$; $(x - 2)^2 = x^2 - 4x + 4$

595 a) $(a + 3)(a - 3)$; $(x + 6)(x - 6)$; $(a + 3m)^2$
b) $(b + 5)(b - 5)$; $(d + 1)(d - 1)$; $(2s + 3t)^2$
c) $(d + 7)(d - 7)$; $(f + 10)(f - 10)$; $(h - 10i)^2$

596

	a	b	$(a + b)^2 = a^2 + 2ab + b^2$	$(a - b)^2 = a^2 - 2ab + b^2$
a)	4s	2t	$16s^2 + 16st + 4t^2$	$16s^2 - 16st + 4t^2$
b)	7	2c	$49 + 28c + 4c^2$	$49 - 28c + 4c^2$
c)	–6d	4	$36d^2 - 48d + 16$	$36d^2 + 48d + 16$
d)	1,2	5k	$1{,}44 + 12k + 25k^2$	$1{,}44 - 12k + 25k^2$

597 a) $u = 6x + 4y$; $A = 6xy$ b) $u = 4x$; $A = x^2 - 1$ c) $u = 4a + 2b + 2c$; $A = 2ab + ac$

598 a) $x^2 + 2x + 3$ b) $21xy + 10x^2$

599 a) $(4x + 3y)^2 = 16x^2 + 24xy + 9y^2$ b) $(2y - z)^2 = 4y^2 - 4yz + z^2$
c) $(6a - 25)^2 = 36a^2 - 300a + 625$ d) $(3b + 5c)^2 = 9b^2 + 30bc + 25c^2$

600 a) $(a-2b)(a+2b) = a^2 - 4b^2$ b) $(2x+3y)(2x-3y) = 4x^2 - 9y^2$
c) $(3k+4m)(3k-4m) = 9k^2 - 16m^2$ d) $(3s+4x)^2 = 9s^2 + 24sx + 16x^2$

601 a) $(c+d)(2a-3b)$ b) $(2x-y)(e+f)$ c) $(h-g)(4s+t)$ d) $(3a+4b)(8b-c)$

602 a) $20x$ b) $2y^2 + 18$ c) $2z^2 - 12z + 20$ d) $-2c + 3$

603 a) $4g^4 + 12g^2 + 9$ b) $36a^2 - 24ab^2 + 4b^4$ c) $9 - 6y^2 + y^4$ d) $s^4 - 4s^2t^3 + 4t^6$

604 a) $3x^2 - 2x - 8$ b) $-3x^2 + 12x - 10$ c) $10x^2 + 12x$ d) $x^2 + 4x + 11$

605 a) $x^2 + 14xy - 3y^2$ b) $9a^2 + 4ab + 6b^2$
c) $15k^2 - 4kn - 5n^2 + 3k - 3n$ d) $-g^2 - 12gh - 28h^2 + 0{,}5g - 1{,}5h$

606 a) $5s^2t + 4st^2 - s^2$ b) $-2k^3 + 5k^2 - 16k^2o - 32ko^2 - 2ko - o^2$
c) $-9s^2 + 12t^2$ d) $-y^3 + 4y^2 + 4xy^2 - 4xy - 3x$

607 a) $(a+2b)^2 \neq a^2 + 2ab + 4b^2$ b) $(a+b) \cdot (a-b) \neq a^2 + b^2$
c) $(2x-2y)^2 = 4x^2 - 8xy + 4y^2$ d) $(x-y) \cdot (x+y) \neq x^2 - 2xy + y^2$

608 a) $(xy-2)(x+y)$ b) $(a+3b)(b-c+2)$ c) $(x^2+1)(2y^2-1)$ d) $(2+s)(a-c+d)$

609 a) nein b) $(k+l)(k-l)$ c) nein d) $(2x+2y)(2x-2y)$

610 a) $2x + (x-4)$ b) $6x - (x+7)$ c) $(6a-5b) + (2b+7a)$ d) $5x - \frac{x}{4}$

611 a) $5{,}8x$ b) $-5{,}4a$ c) $6{,}1a$ d) $-8{,}9x$

612 a) $12e - 8g$ b) $-5x - 27$ c) $-3a - 2b$

613 a) a^5; $6k^2$ b) $2x^3$; $12s^3$ c) $4m^4$; $48x^3$

614 a) $-4a^2 - 8ab - 3b^2$ b) $12x^2 - 32x$ c) $-42mn + 28m^2$ d) $12z^2 + 27z - 84$

615 a) $a^2 - 2ab + b^2$ b) $a^2 + 2ab + b^2$ c) $9a^2 - 12ab + 4b^2$ d) $a^2 - b^2$

616 a) $z^2 + 8z + 3$ b) $-2z^2 - 4z - 21$ c) $3z^2 + 21z - 16$

617 a) $4 \cdot (x+2)$ b) $3 \cdot (a-b)$ c) $-2 \cdot (5m-6n)$ d) $6x \cdot (4x+5)$

618 a) $6s^2$; $7k$ b) $-16x$; $-7c^2d^2$ c) $10x$; $-9kl^3$

619 a) x^4 b) $9x^3$ c) $30x^9$ d) $24x^6$

620 a) $\neq$ b) $=$

621

	1	4	4		8	4	1	
3	6		9	1	0		7	7
8			1	7	0			5
5	3	8	3		3	2	3	6
	4	0				4	0	
9	3	2	4		4	0	9	6
9			7	2	5			3
9	9		6	5	0		8	1
	6	0	1		2	9	0	

622

	7	3	5		1	4	4
1	3		2	4	6		9
2	5	8		3	4	3	
1		7	0	0		4	8
	8	5			4	3	
4	5		8	4	1		7
6	7	2	6		2	2	5
8	5		4	9		1	9

623 a) $(m+n) \cdot (o+p) = mo + no + mp + np$ b) $(a+b) \cdot c + de = ac + bc + de$

624 a) $12m^2 - 13mn - 4n^2$ b) $30x^2 + 59xz + 9z^2$
c) $v^2 + 11vw - 12w^2$ d) $2x^2 + 5xy - 12y^2$

625 a) $4x^2 + 16x + 16$ b) $9a^2 - 30a + 25$ c) $k^2 + 14k + 49$ d) $16t^2 + 16tu + 4u^2$

626 a) $(x+3) \cdot (x-3)$; $(x+9) \cdot (x-9)$
b) $(k+5) \cdot (k-5)$; $(s+10) \cdot (s-10)$
c) $(x+7) \cdot (x-7)$; $(3f+9) \cdot (3f-9)$

627 $(x-1)^2 = x^2 - 2x + 1$; $(x-2)^2 = x^2 - 4x + 4$; $(x+2)^2 = x^2 + 4x + 4$; $x^2 - 9 = (x-3) \cdot (x+3)$

Lineare Gleichungen 1

628 a) $27 - 2x$ b) $12 \cdot (a + 6)$ c) $\frac{f}{3} + 18$ d) $\frac{g-8}{7}$

629 a) $(a + b) \cdot 2$ b) $\frac{f-g}{2}$ c) $x \cdot y - (e + f)$ d) $\frac{i}{k} + (m + n)$

630 a) $x = 5$; $x = 0$ b) $x = -7$; $x = -3$ c) $x = 0$; $x = 2$

631 a) $a = 3$ b) $b = 2$ c) $g = 5$ d) $h = 3$

632 a) $c = 14$ b) $h = 40$ c) $a = -20$

633 a) $\{0, 1, 2, 3, 4\}$ b) $L = \{\}$ c) $L = \{\}$

634 a) $\{0, 1, 2, 3, 4, 5\}$ b) $\{0, 1, 2\}$ c) $\{4, 5, 6, ...\}$

635 28

636 64

637 7

638 4

639 $x = 16$; $y = 11$

640 a) $x = 3$ b) $x = 9$ c) $x = 4$ d) $x = 2$

641 a) $x = 9$ b) $x = 24$ c) $x = 5$ d) $x = 26$

642 a) $e = -5$ b) $g = -10$ c) $x = -17$ d) $f = -23$

643 a) $x = -1$ b) $p = 1$ c) $a = -1$ d) $b = 7$ e) $x = -2$ f) $y = 0$

644 a) $x = 4$ b) $x = -3$ c) $x = -\frac{1}{3}$ d) $x = -2$

645 a) $y = -1$ b) $x = 10$ c) $x = 2$ d) $x = -5$

646 11 Jahre

647 Anja: 5 Jahre; Lisa: 15 Jahre

648 a) $x = -3$ b) $t = -31$ c) $c = -2$ d) $m = -4$

649 a) $x = 2$ b) $x = \frac{3}{2}$ c) $y = -1$ d) $y = -3$

650 a) $x = 2$ b) $x = 1$ c) $x = 0$ d) $x = 1$

651 9 Jahre

652 Nina: 12 Jahre; Frau Knoll: 36 Jahre

653 Lena: 18 Jahre; Onkel Klaus: 45 Jahre

654 16, 17, 18

655 2

656 $x = 38$

657 Anna: 132 cm; Kevin: 146 cm

658 Maria: 11 Jahre; Vater: 44 Jahre

659 a) $p = 24$ b) $y = -35$ c) $k = -15$ d) $s = -40$

660 a) $a = \frac{2}{3}$ b) $x = \frac{3}{4}$

661 a) $g = -9$; $g \neq -3$ b) $k = -7$; $k \neq -5$ c) $t = -5$; $t \neq 4$ d) $n = 9$; $n \neq 7$

662 a) $x \neq 0$; $x = 7$ b) $y \neq 0$; $y = -8$ c) $z \neq 4$; $z = \frac{3}{2}$ d) $b \neq 7$; $b = 4$

663 6

664 Tochter: 24; Vater: 48 Jahre

665 11 Jahre

666 $x = \frac{14}{3} \Rightarrow L = \{\}$

667 40

665 $x = \frac{2}{3} \Rightarrow L = \{\}$

669 9

670 $x = \frac{7}{3} \Rightarrow L = \{\}$

671 a) $L_1 = \{-4; -1\}$; $L_2 = \{\ldots, -3; -2; -1\}$; $L_3 = \{-5; -3; -1\}$; $L_4 = \{-0{,}5; -0{,}1\}$
b) $L_1 = \{\}$; $L_2 = \{6; 7; 8; 9; \ldots\}$; $L_3 = \{\}$; $L_4 = \{\}$
c) $L_1 = \{-4; -1; 0; 2\}$; $L_2 = \{\ldots; -3; -2; -1; 0; 1; 2\}$; $L_3 = \{-5; -3; -1; 1\}$; $L_4 = \{-0{,}5; -0{,}1; 0; 1{,}5\}$
d) $L_1 = G_1$; $L_2 = \{-4; -3; -2; \ldots\}$; $L_3 = \{-3; -1; 1; 3; 5\}$; $L_4 = G_4$

672 a) 4 b) 2 c) 3 d) 6 e) 6

673 a) $3x = 16$; $x = \frac{16}{3}$ b) $x = 6$ (Zeile 2) c) $3x = -9$

674 a) allgemein gültig b) $a = 0$ c) widersprüchlich d) widersprüchlich

675 a) widersprüchlich b) allgemein gültig c) widersprüchlich d) $x = -4$

676 1) $4x + 32 = 60$ 2) $2x + 9 = 4x$ 3) $5x - 7{,}5 = 10$ 4) $(x - 4) \cdot 2x = 24$

677 a) $x = 2$ b) $x = 4$ c) $x = 4$ d) $x = 3$

678 a) $x = 0{,}9$ b) $x = -1{,}75$ c) $x = 0{,}625$ d) $x = 1$

679 a) $x = 3$ b) $x = 11$ c) $x = 12$ d) $x = 8$

680 2

681 Sandra: 5 Jahre; Mama: 25 Jahre; Oma: 50 Jahre

Prozent- und Zinsenrechnung

682 a) 112,50 € b) 510 € c) 161,50 € d) 237,50 €

683 a) 165 dag b) 1 920 kg c) 108 dm^2 d) 6 660 m

684 a) 152 Sch. b) 800 € c) 1 900 km d) 250 kg

685 $\frac{1}{2}$ = 50 %; $\frac{1}{4}$ = 25 %; $\frac{3}{4}$ = 75 %; $\frac{1}{10}$ = 10 %; $\frac{1}{5}$ = 20 %; $\frac{3}{5}$ = 60 %; $\frac{7}{10}$ = 70 %; $\frac{4}{5}$ = 80 %

686

	50 % von	25 % von	40 % von	80 % von	75 % von	90 % von
a) 70 kg	35 kg	17,5 kg	28 kg	56 kg	52,5 kg	63 kg
b) 45 €	22,50 €	11,25 €	18 €	36 €	33,75 €	40,50 €
c) 150 m	75 m	37,5 m	60 m	120 m	112,5 m	135 m
d) 8 t	4 t	2 t	3,2 t	6,4 t	6 t	7,2 t

687 a) 20 % b) 25 % c) 15 % d) 40 %

688

Land	in %	je 1 000 Ew.
USA	48,81	488
Japan	62,20	622
Deutschland	71,76	718
Österreich	84	840
Italien	90,68	907
Indien	1,21	12

689 ca. 17 %

690 26,5625 Mrd US-$

691

	in %	Anteil
Katholiken	73,6	5 912 234
ohne Bekenntnis	12,0	963 951
Protestanten	4,7	377 348
Muslime	4,2	337 383
Juden	0,1	8 033
übrige	5,4	433 592

Hier ergeben sich durch die gerundeten Prozentanteile Ungenauigkeiten.

692 Landwirtschaft: 4,92 Mrd €; Industrie: 76,26 Mrd €; Dienstleistung: 164,82 Mrd €

693 Brutto: 762 €; zu bezahlen: 739,14 €

694

Land	Prozent	je 10 000 Ew.
Österreich	41,50	4 150
USA	53,75	5 375
Russland	4,16	416
Italien	29,47	2 947
Spanien	19,20	1 920

695 General Motors: 20,98 %; Toyota 16,59 %; Ford 16,34 %

696 Nordamerika: 240 000 km; GUS: 214 000 km; EWR: 160 000 km

697 925 400 000 t

698

	Prozent
Atlanta Hartsfield	2,26
Chicago O'Hare	1,96
London Heathrow	1,86
Tokio Haneda	1,8
Los Angeles	1,65
Dallas	1,55
Frankfurt Rhein-Main	1,42
Vienna Airport	0,38

699 Europa: 22 Mio; Lateinamerika: 77 Mio; Afrika: 308 Mio; Asien: 693 Mio

700 WC: 32,1 %; Baden, Duschen: 28,6 %; Wäsche waschen: 10,7 %; Geschirr spülen: 7,1 %; Körperpflege: 7,1 %; Trinken, Kochen: 3,6 %; Sonstiges: 10,8 %

701 1,98 Mio Kinder

702

Region	Bevölkerung absolut
USA und Kanada	327,6 Mio
Westeuropa	403,2 Mio
Lateinamerika und Karibik	535,5 Mio
Südasien	1,4112 Mrd
Nordafrika und mittlerer Osten	258,3 Mio
Ostasien und Pazifik	2,0727 Mrd
Afrika südlich der Sahara	686,7 Mio

4,9644 Mrd Menschen

703 China: 20,7 %; Indien: 16,9 %; USA: 4,67 %; Russland: 2,27%; Japan: 2,03 %; Indonesien: 3,49 %

704 a) 11,7 € b) 13,32 € c) 788,4 € d) 12,121 €

705 a) 264,76 € b) 1 400 € c) 12 500 € d) 15 600 €

706 a) 11,25 % b) 24,5 % c) 8,5 % d) 15 %

707 5,28 Mio €

708 a) 2 090 000 000 € b) 61 149 715 000 € c) 8 916 039 000 €
d) 35 717 913 000 € e) 11 046 420 000 €

709 a) 401 132 000 b) 17,16 % c) 16,2 % d) 4,38 %
Frankreich: 419,42 $; Spanien: 649,30 $; USA: 1 587,42 $; Italien: 675,9 $; China: 554,30 $; Großbritannien: 727,87 $; Kanada: 483,62 $; Russland: 210 $; Mexico: 447,45 $; Österreich: 601,79 $

710 Forstplantagen: 193 500 000 ha
natürliche Wälder: 3 676 500 000 ha, davon tropisch: 1 727 955 000 ha, subtropisch: 330 885 000 ha, temperiert: 404 415 000 ha, boreal: 1 213 245 000 ha

711 Acker: 15 019 000 km^2; Weiden: 34 739 600 km^2

712 Indien: 26,52 % ; China: 16,73 %; Restasien: 19,33 %; Nordafrika: 5,08 %; Sub-Sahara Afrika: 24,54 %; Lateinamerika: 6,57 %; Industriestaaten: 1,24 %

713 um ca. 7 210 %

714 Deutschland, Großbritannien, Italien, Japan, USA, Spanien

715 420 000 PJ

716 um ca. 261 % gestiegen

717 a) 36,40 € b) 81,70 € c) 300 €

718 a) 21,15 € b) 64,40 € c) 6,45 €

719

Kapital	1,8 %	2 %	2,2 %	3,5 %	4,8 %
150 €	2,7 €	3 €	3,30 €	5,25 €	7,20 €
800 €	14,40 €	16 €	17,60 €	28 €	38,40 €
1 200 €	21,60 €	24 €	26,40 €	42 €	57,60 €
5 000 €	90 €	100 €	110 €	175 €	240 €

720 74 550 €; Kreditsteuer: 560 €

721

	a)	b)	c)	d)
+ Zinsen 3,4 %	85 €	510 €	693,60 €	844,56 €
= Guthaben	2 585 €	15 510 €	21 093,60 €	25 684,56 €
– Kest 25 % der Zinsen	21,25 €	127,50 €	173,40 €	211,14 €
= Guthaben	2 563,75 €	115 382,50 €	20 920,20 €	25 473,42 €

722 a) 3,8 € b) 9,97 €

723 a) 9,07 € b) 34,53 €

724 2,5 %

725 22 000 €

726

Kapital	a) 1,5 %	b) 2 %	c) 4,5 %	d) 6 %	e) 9 %
100 €	1,50 €	2 €	4,50 €	6 €	9 €
200 €	3 €	4 €	9 €	12 €	18 €
500 €	7,50 €	10 €	22,50 €	30 €	45 €
1 000 €	15 €	20 €	45 €	60 €	90 €
3 000 €	45 €	60 €	135 €	180 €	270 €

727 6 %

728 2 812,50 €

729 ursprünglicher Wert: 125 000 €; jetzt: 135 000 €

730 985 € Gewinn

731 4,8 %

732

	a)	b)	c)	d)	e)
Zinsen	3,65 €	1,50 €	10,31 €	9,11 €	26,67 €
KESt.	0,91 €	0,38 €	2,58 €	2,28 €	6,67 €
Guthaben	252,74	401,12 €	507,73 €	756,83 €	1 020 €

733 1 299,20 €

734 806,25 € am Sparbuch

735 Christoph: 51 687,50 €; Gerald: 51 668,75 €; Gerald hat 18,75 € mehr.

736 37 905,36 €

737 a) 5 938,43 € b) 16 671,86 € c) 33 711,20 €

738 a) 30 923,59 € b) 19 327,25 € c) 41 231,46 €

739 20 726,76 €

740 12 792,97 €

741 a) 12 595 € b) 25 937,50 € c) 32 693,33 € d) 19 981,03 € e) 17 644,95 €

742 20 000 €

743 192 000 €

744 30 000 €

745 12 000 €

746 14,99 %

747 42 000 €

748 Die Kreditaufnahme ist um 32,50 € günstiger.

749 2 951,33 €

750 26 417,53 €

751 4 %

752 a) 37,50 € b) 42,97 € c) 225,96 €

753 a) 293,81 € b) 470,35 € c) 1 379,11 €

754 31 300 €

755 2727,27 €

756 4,5 %

Flächeninhalt 3

757 a) a = 30 mm; u = 120 mm; A = 864 mm^2
b) a = 42,8 mm; u = 171,2 mm; A = 1 768 mm^2
c) a = 43 mm; u = 173 mm; A = 1 148 mm^2
d) a = 32,8 mm; u = 131 mm; A = 1 040 mm^2

758 a) b = 54 mm; u = 172 mm; A = 1 633 mm^2
b) a = 53 mm; u = 166 mm; A = 1 560 mm^2
c) b = 35 mm; u = 140 mm; A = 1 131 mm^2
c) a = 52 mm; u = 158 mm; A = 1 395 mm^2

759 a) f = 41 mm; A = 1 148 mm^2 b) f = 66 mm; A = 1 716 mm^2
c) f = 42 mm; A = 987 mm^2 d) f = 70 mm; A = 1 890 mm^2

760 a) 28,125 dm^2 b) 3,92 m^2 c) 25,92 dm^2 d) 12,5 m^2

761 a) 186 mm^2 b) 192 mm^2 c) 392 mm^2

762 f ist beide Male gleich groß, e ist bei Silvias Drachen größer. Daher ist Silvias Drache größer.

763 a) e = 61 mm; f = 53 mm; A = 1 616,5 mm^2 b) e = 39 mm; f = 74 mm; A = 1 443 mm^2
c) e = 74 mm; f = 32 mm; A = 1 184 mm^2 d) e = 49 mm; f = 82 mm; A = 2 009 mm^2

764 a) A = 1 364 mm^2; u = 152 mm; e = 62 mm; f = 44 mm
b) A = 1 656 mm^2; u = 168 mm; e = 69 mm; f = 48 mm
c) A = 24,99 cm^2; u = 22 cm; e = 5,1 cm; f = 9,8 cm
d) A = 39,525 cm^2; u = 25,2 cm; e = 9,3 cm; f = 8,5 cm

765 a) f = 5,2 dm b) e = 11,4 m c) f = 0,64 km

766 a) 957 mm^2 b) 518 mm^2

767 a) 11 cm^2 b) 12,75 cm^2

768 a) 44 mm^2 b) 480 mm^2 c) 400 mm^2

769 a) 46,5 cm^2 b) 37 cm^2 c) 31,75 cm^2

770 a) 22,5 cm^2 b) 48 dm^2 c) 150 m^2 d) 378 cm^2 e) 252 dm^2

771

	a)	b)	c)	d)	e)
e	14 cm	10 dm	25 mm	4 m	16 cm
f	8 cm	9 dm	10 mm	45 m	10 cm

772 a) u = 296 mm; A = 3 940 mm^2 b) u = 184 mm; A = 1 388 mm^2
c) u = 16,8 cm; A = 15,12 cm^2 d) u = 2,24 dm; A = 28,87 cm^2

773 a) 0,72 dm^2 b) 3,645 m^2 c) 10,58 dm^2 d) 16,53 m^2

774 a) a = 15 dm b) a = 40 cm

775 e = 39 mm; f = 17 mm; A = 331,5 mm^2

776 18 cm^2

777 a) 4 cm b) 3 cm c) 4,5 cm d) 1,9 cm

778 a) 40 cm^2 b) 31 cm^2 c) 21,5 cm^2

779 a) 2 775 m^2 b) 2 762,5 m^2 c) 1 800 m^2

780 A_3 = 2 788 m^2; A_2 = 2 809 cm^2; A_1 = 2 812,5 cm^2

781 Wähle d = 5 cm.

782 Raute

783 Raute und Deltoid sind flächengleich.
a) b = 2,5 cm b) b = 2 cm

784 5 675 m^2

785 1 440 mm^2

786 Es ist symmetrisch. A = 1 343 mm^2

787 a) square, rhombus b) rectangle, square c) kite, rhombus, square, rectangle, parallelogram
d) square e) trapezium, rhombus, square, rectangle, parallelogram

788

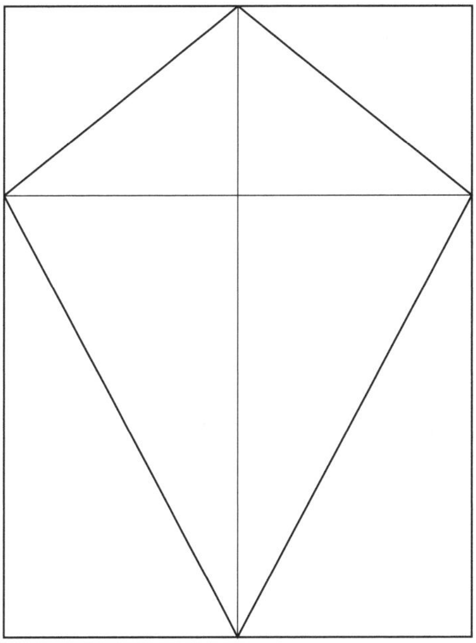

identisches Deltoid

789 –

790 –

791 a) A = 13,86 cm^2 b) 14 cm^2
Parallelogramm; parallele Seiten; alle gleich lang; Deltoid

792 $A_1 = 8\ cm^2$; $A_2 = 16\ cm^2$

793

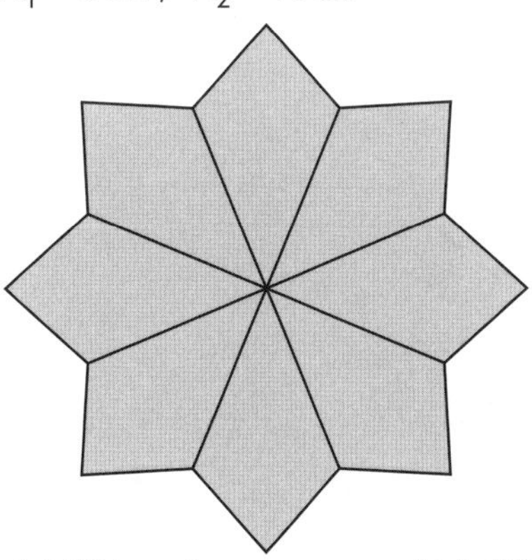

weil 45° · 8 = 360°

794 a) 1 736 mm^2 b) 1 672 mm^2 c) 1 584 mm^2 d) 216 mm^{u2}

795 u = 23,4 cm; A = 3 245 mm^2

796 186,25 m^2

797

	a)	b)	c)	d)
e	12 cm	45 m	56 dm	8 mm
f	34 cm	26 m	37 dm	15 mm
A	204 cm^2	585 m^2	1 036 dm^2	60 mm^2

798 u = 30 cm; A = 65 cm^2

799 a) $u = 15{,}6$ cm; $A = 15{,}21$ cm^2
c) $u = 29{,}2$ km; $A = 53{,}29$ km^2
b) $u = 256$ dm; $A = 4\,096$ dm^2
d) $u = 2{,}24$ m; $A = 31{,}36$ dm^2

800 a) $u = 15$ cm; $A = 13{,}34$ cm^2
c) $u = 25$ km; $A = 37{,}96$ km^2
b) $u = 182$ dm; $A = 2\,028$ dm^2
d) $u = 0{,}8$ m; $A = 3{,}91$ dm^2

801 a) $u = 22{,}2$ cm; $A = 21{,}7$ cm^2
c) $u = 15{,}2$ km; $A = 9{,}12$ km^2
b) $u = 342$ dm; $A = 6\,174$ dm^2
d) $u = 1{,}7$ m; $A = 27{,}6$ dm^2

802 a) $A = 9{,}375$ cm^2 b) $A = 724{,}5$ mm^2

803 a) 16,33 cm^2 b) 2 890 dm^2 c) 15,19 km^2 d) 0,2405 m^2

804 a) 13,26 cm^2 b) 2 016 dm^2 c) 6,66 km^2 d) 0,1972 m^2

805 a) 88 800 m^2 b) 350 000 m^2 c) 394,76 m^2 d) 4 017,99 m^2

Verhältnisse und Proportionen

806 a) 37 : 17 (Länge in mm) b) 21 : 20 c) 1 : 10 d) 10 : 15

807 a) 13 : 20 b) 12 : 2 c) 13 : 13 = 1 : 1 d) 1 : 9

808 a) 1 : 2 b) 16 : 26

809 175 : 266 : 142

810 a) 14 : 8 : 15 : 10 b) 2 : 23 : 24 : 1

811 a) 2; 12 ist 2-mal so groß wie 6 b) 6; 54 ist 6-mal so groß wie 9
c) 3; 18 ist 3-mal so groß wie 6 d) 12 ; 144 ist 12-mal so groß wie 12

812 a) ≈ 2,1 b) ≈ 2,7 c) ≈ 2,25 d) 7,7

813 a) b) c) d)

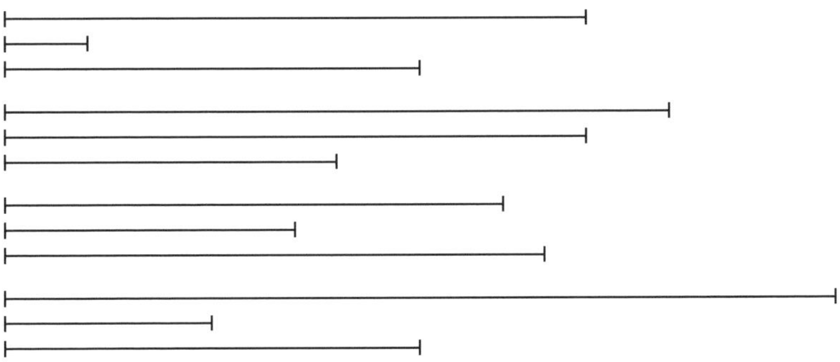

814 a) 35 : 13 b) 35 : 18 c) 18 : 18 = 1 : 1 d) 10 : 18

815 a) 7 : 1 b) 1 : 9 c) 5 : 1 d) 2 : 1

816 a) 14 : 23 b) 7 : 81 c) 25 : 6 d) 71 : 40

817 a) 1 : 8 b) 20 : 1 c) 1 : 10 d) 5 : 4

818 a) 8 : 5 b) 3 : 2 c) 2 : 3 d) 324 : 25

819 a) m : n b) 5 : 6 c) 2 : 1 d) 3a : 1

820 a) 4 : 7 b) a : b c) 5 : 1 d) 3 : 1

821 mögliche Lösungen:

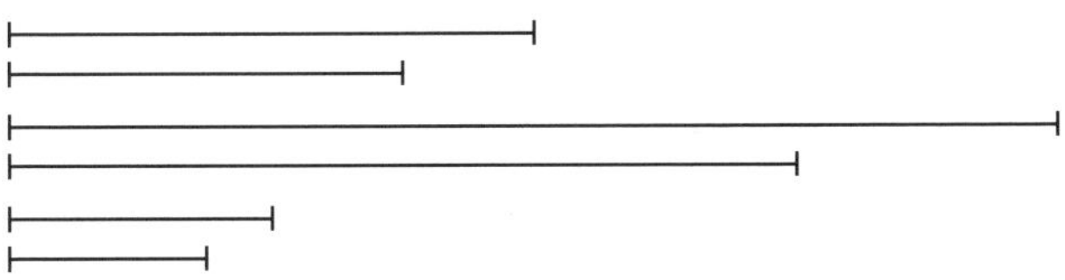

822 a) 2 : 3 : 4 b) 4 : 9 : 16

823 a) 100 : 1 b) 100 : 1 c) 10 000 : 1 d) 1 000 : 1
e) 20 : 1 f) 2 000 : 1 g) 5 : 1 h) 5 : 1

824 a) um 40 b) 5-mal so groß c) 30-mal so groß d) um 725 größer

825 a) 0,966; 28 sind 96,6 % von 29 b) 2,6; 130 sind 260 % von 50
c) 0,8; 12 sind 80% von 15 d) 0,23; 23 sind 23 % von 100

826 1,125 → Steigerung um 12,5 %

827 a) 9 : 130 = 6,9 % b) 14 : 95 = 14,7 % c) 3 : 40 = 7,5 % d) 3 : 200 = 1,5 %

828 30 m

829 9 : 39 ≈ 10 : 40 = 1 : 4

830 6 l

831 a) 5-mal so groß b) um 4a größer c) um 2xy kleiner d) y-mal so groß

832 a) x = 2 b) x = 4 c) x = 6 d) 18

833 a) $x = 36$ b) $x = 2$ c) $x = 15$ d) $x = 2{,}3$

834 a) $a = 12$ b) $b = \frac{1}{5}$ c) $g = \frac{19}{3}$ d) $m = \frac{675}{17}$

835 a) $x = 12$ b) $y = 8$ c) $m = \frac{29}{3}$ d) $n = 943$

836 a) $x = 2{,}7$ b) $x = \frac{1}{12}$ c) $x = \frac{1}{60}$

837 a) $x = \frac{15}{7}$ b) $x = \frac{75}{2}$ c) $x = \frac{1\,944}{7}$

838 a) $x = \frac{1}{2}$ b) $y = \frac{22}{3}$

839 a) $a = 0$ b) $x = 2$

840 a) $x = -\frac{47}{31}$ b) $y = -\frac{44}{3}$

841 a) $x = \frac{21}{5}$ b) $x = 6$ c) $x = \frac{3}{5}$

842 a) $x = -\frac{15}{4}$ b) $x = \frac{15}{4}$ b) $y = \frac{6}{5}$ d) $y = \frac{6}{5}$

843 a) $x = -\frac{637}{129}$ b) $y = 4{,}5$

844 a) $x = 20$ b) $m = \frac{21}{10}$

845 51,75 cm; 69 cm; 86,25 cm; Der Umfang hat 12 Teile.

846 10,2 cm; 13,6 cm; 23,8 cm; 6,8 cm

847 1,875 cm Saft

848 Kupfer: 1,28 kg; Zinn: 16 dag; Zink: 9,6 dag; Blei und Nickel: je 3,2 dag

849 220 000 € bzw.140 000 € bzw.100 000 €

850 0,11 mm

851 Sophie: 128 €; Christian: 40 €; Alexandra: 32€

852 c = 264 Hz; d = 297 Hz; e = 330 Hz; f = 352 Hz; g = 396 Hz; h = 495 Hz; c^2 = 528 Hz.

853 1,5 MB = 1500 kB; 1500 : 128 ≈ 11,7. Ein MP3-Player braucht also für ein Lied nur den ca. 12ten Teil des Speicherplatzes auf einer CD.
Kapazität MP 3Player: 518 MB= 518 000 kB; 518 000 : 128 ≈ 4047 sec ≈ 67 min; 67. 11,7 ≈ 800 Minuten
Ein MP3-Player mit einer Speicherkapazität von 518 MB kann ca. 800 Minuten Musik einer Audio-CD speichern.

854 a) 1 : 16 b) 2 : 3 c) 1 : 96

855 Der Wert Körpergröße zu „Nabelhöhe" wird sich annährend dem Wert des „goldenen Schnittes" nähern: 1,618033988.... (Zeichnung verkleinert)

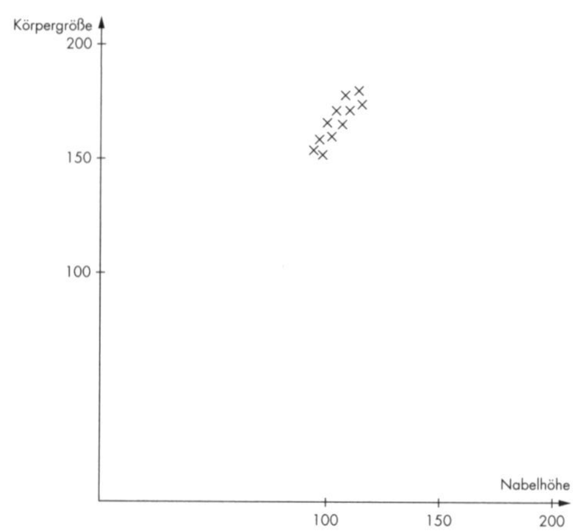

856 4 : 1 : 12 : 5; 7 : 8 : 4 : 5

857 a) 0,83 b) 3,4 c) 0,64 d) 1,5

858 a) 5 : 1 b) 1 : 2 c) 21 : 8 d) 100 : 6 : 5

859 a) $x = \frac{51}{5}$ b) $x = -\frac{23}{125}$ c) $x = -\frac{1}{12}$

860 ca. 15,35 m^3

Lineare Gleichungen 2

861 a) $u = 2a + 2b$; $a = \frac{u - 2b}{2}$; $b = \frac{u - 2a}{2}$
b) $A = a \cdot b$; $a = \frac{A}{b}$; $b = \frac{A}{a}$
c) $u = a + b + c$; $a = u - b - c$; $b = u - a - c$; $c = u - a - b$
d) $A = \frac{c \cdot h_c}{2}$; $c = \frac{2A}{h_c}$; $h_c = \frac{2A}{c}$

862 a) $B = N + T$; $T = B - N$ b) $x = \frac{(G + 5)}{2}$
c) $F = K - S \cdot n$; $S = \frac{(K - F)}{n}$ d) $x = 4 \cdot (J + 15)$

863 $v = \frac{s}{t}$; $s = v \cdot t$; $t = \frac{s}{v}$

864 150 km

865 $m = V \cdot \rho$; $V = \frac{m}{\rho}$; $\rho = \frac{m}{V}$

866 a) 11,25 kg b) 225 g c) 7 500 · x g

867 $Z = \frac{K \cdot p}{100}$; $K = \frac{100 \cdot Z}{p}$ $p = \frac{100 \cdot Z}{K}$

868 a) 15 € b) 10 € c) $\frac{5 \cdot n}{4}$ d) 3,75 € e) $\frac{x}{24}$

869 a) 9,60 € b) 9,60 · n €

870 99,50 € bzw. 69,50 €

871 A: 50 €; B: 100 €; C: 300 €

872 0,25 € und 5,25 €

873 26 – n

874 a) Nektarinen: 1,89 €; Pfirsich: 1,49 € b) 5,27 €

875 17,6 cm

876 c = 11,6 cm

877 $\alpha = \beta = 72°$; $\gamma = 36°$

878 6,5 cm

879 a) u = 10a b) u = 6x c) u = 5t

880 b = 8 m; L = 42 m

881 5 cm

882 14 m

883 a) $O = 62x^2$ b) $V = 30x^3$

884

	a)	b)	c)	d)	e)	f)
a	17,5 cm	4,3 cm	27 cm	7,7 cm	26,9 cm	28,7 cm
b	25 cm	38,2 cm	15,5 cm	34,8 cm	15,6 cm	13,8 cm

885 $\alpha = 45°$; $\beta = 60°$; $\gamma = 75°$

886 $\alpha = 64°$; $\beta = 116°$

887 a) $h = \frac{L - 6 \cdot a}{3}$; h = 38 kg b) $b = 2 \cdot m - a$; b = 125 cm

888 a) $b = \frac{2A}{a}$ b) $a = \frac{2A}{h} - c$ c) $a = \frac{U}{2} - b$ d) $h = \frac{O}{2a}$

889 a) $\frac{y}{x} \cdot 100$ l b) $\frac{z}{x} \cdot 100$ € c) $\frac{z}{y}$ € d) $5 \cdot z$ €

890 24 Nachschlagewerke und 48 Fachbücher

891 Rotwein: 3,80 €; Weißwein: 4,20 €

892 6 bzw. 10 bzw. 14 bzw. 18

893 l = 1,20 m; b = 0,7 m

894 $\alpha = 15°$; $\beta = 75°$

895 a) 27 mm b) 41 mm

896 a) u = 12a b) u = 5x c) u = 16a

897 a) $h = \frac{a+b}{2} - F$ b) $U = W - X + C + A - B$ c) $f = \frac{k \cdot l}{k - v}$ d) $g = \frac{(z - y - 4) \cdot i}{h}$

898 a) $x = \frac{4}{y+z}$ b) $x = \frac{y}{2}$ c) $x = t - \frac{u}{s}$ d) $\frac{(a+z)}{(y-1)}$

899 18 m

900 180 m

901 Reaktionsweg: 30 m; Bremsweg: 100 m

902 a) 13,75 m b) 54 m

903 90 km/h

904 1,5 m; b = 0,3 m

905 $\alpha = 150°$; $\beta = 30°$

906 a) u = 6x + 2y b) u = 18c c) $u = 2 \cdot (x + y + z)$

907 l = 12 cm; b = 8 cm

908 12 168 square feet

909 a) 6 cm b) 4 cm

910 1500 kg/m^3

911 a) 28,296 kg b) 9,716 kg c) 3,42 kg d) 69,48 kg
allgemein: $m = V \cdot \rho$

912 $U = I \cdot R$; $R = \frac{U}{I}$ $F = \frac{P \cdot t}{s}$; $s = \frac{P \cdot t}{F}$; $t = \frac{F \cdot s}{P}$ $U = \frac{P}{I}$; $I = \frac{P}{U}$
$F = \frac{W}{s}$; $s = \frac{W}{F}$ $F = p \cdot A$; $A = \frac{F}{p}$

913 a) l = 36 cm; b = 24 cm; h = 12 cm b) l = 36 cm; b = 24 cm; h = 12 cm

914 ① $a = \frac{2 \cdot A}{h_a}$ ② $h_a = \frac{2 \cdot A}{a}$

915 ① $a = \frac{U}{2} - b$ ② $b = \frac{U}{2} - a$

916 1 h 36 min

917 a) 14,5 m b) 15,7 cm

918 Wasser: 0,25 €; Einsatz: 0,30 €

Ähnlichkeit

919 a) ähnlich b) nicht ähnlich

920 a) nicht ähnlich b) ähnlich

921 $B \cong H$; $A \approx E$; $D \approx J$; $F \approx I$

922 B und C

923 links: Ähnlichkeit im Alltag; rechts: Ähnlichkeit in der Mathematik

924

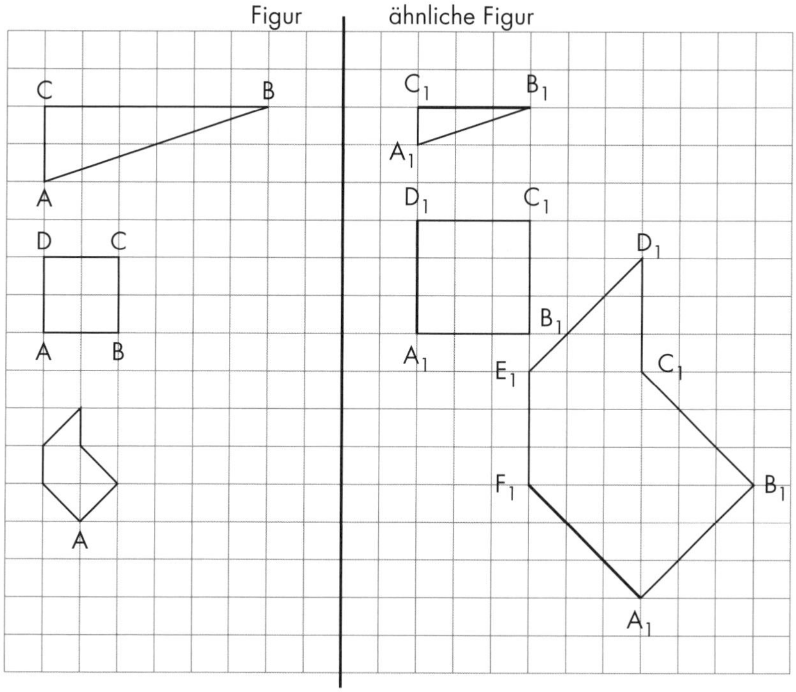

925 –

926 a) $a_1 = 3$ cm; $b_1 = 2{,}5$ cm b) $b_1 = 3{,}8$ cm; $c_1 = 2{,}5$ cm c) $a_1 = 6$ cm; $c_1 = 7{,}8$ cm

927 a)

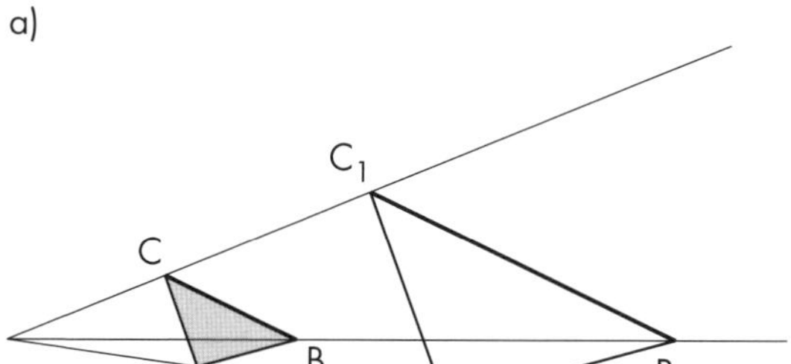

b)

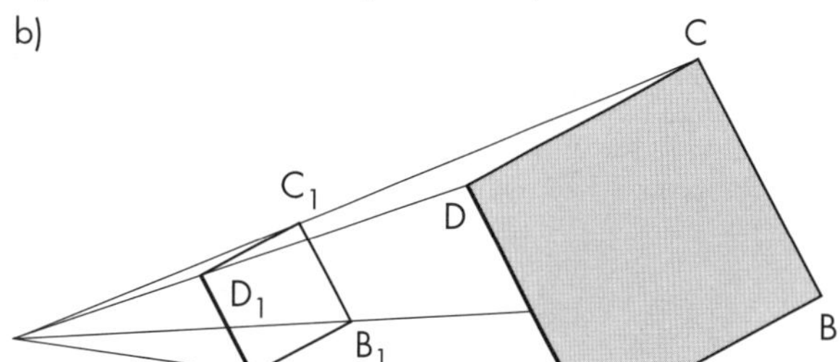

c)

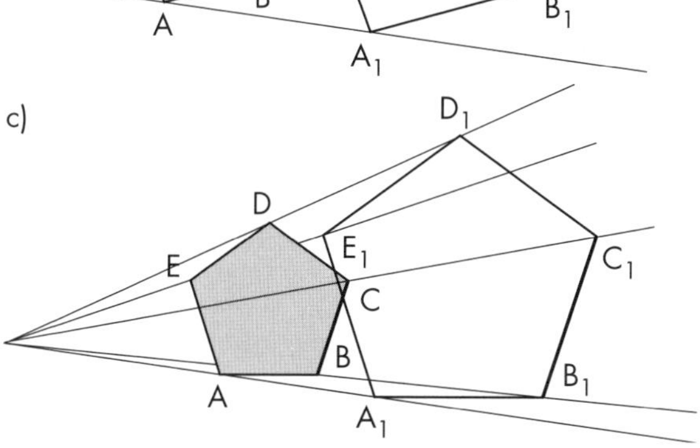

928 zur Kontrolle: a) $t \approx 0{,}9$ b) $t \approx 1{,}7$ c) $t \approx 1{,}4$ d) $t \approx 1{,}9$

929 $\overline{RT} \approx 1{,}2$ cm b) $\overline{VT} \approx 2{,}4$ cm c) $\overline{HT} = 2{,}2$ cm d) $\overline{FT} \approx 3{,}5$ cm

930 a) $\overline{C_1D_1} = 4{,}8$ cm b) $\overline{A_1B_1} \approx 4{,}7$ cm c) $\overline{H_1K_1} = 23{,}1$ cm d) $\overline{F_1G_1} = 15{,}5$ cm

931 a) $\overline{U_1V_1} = 5{,}2$ cm b) $\overline{G_1H_1} \approx 4{,}7$ cm c) $\overline{L_1M_1} \approx 3{,}2$ cm d) $\overline{F_1G_1} \approx 3{,}7$ cm

932 $\overline{A_1B_1} = 7{,}5$ cm, $\overline{B_1C_1} = 4{,}5$ cm

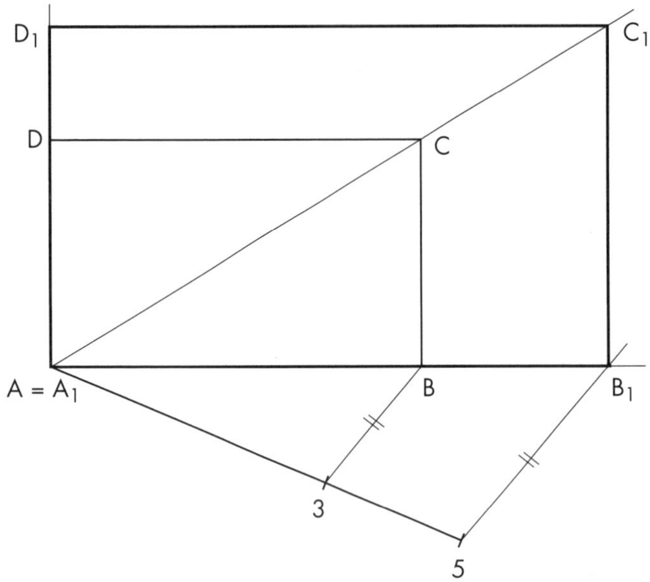

933 $\overline{A_1B_1} = 3$ cm

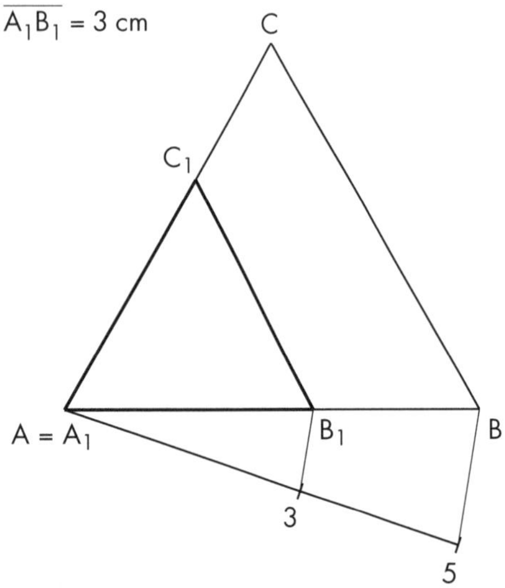

934 Die Abbildung links ist richtig. Rechts wurde die Seite AB nicht gestreckt.

935 s = 2 cm

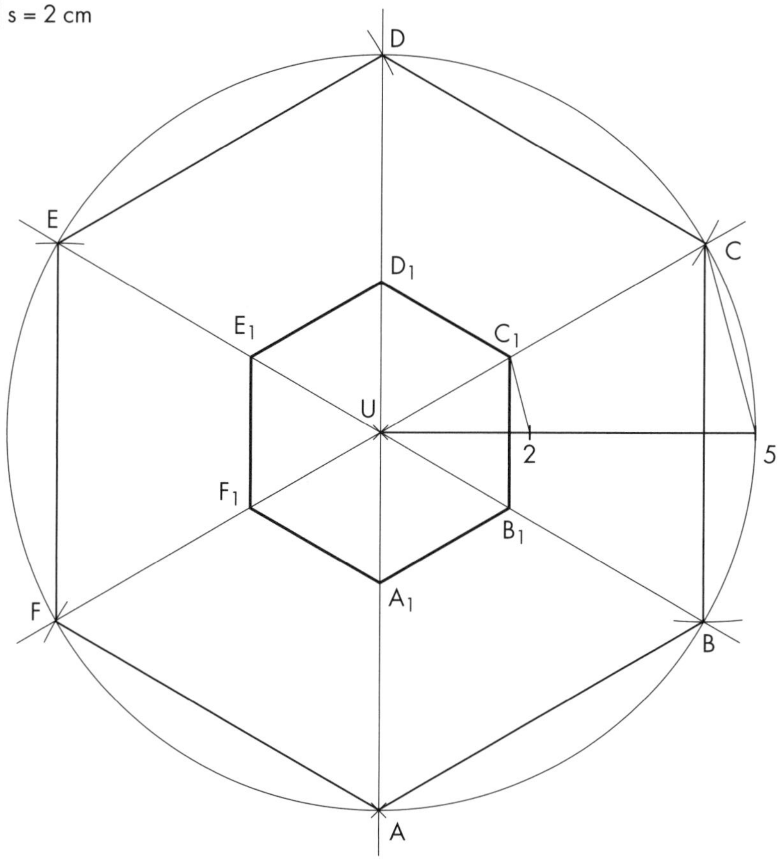

936 AB ≈ 5,4 LE (Zeichnung verkleinert)

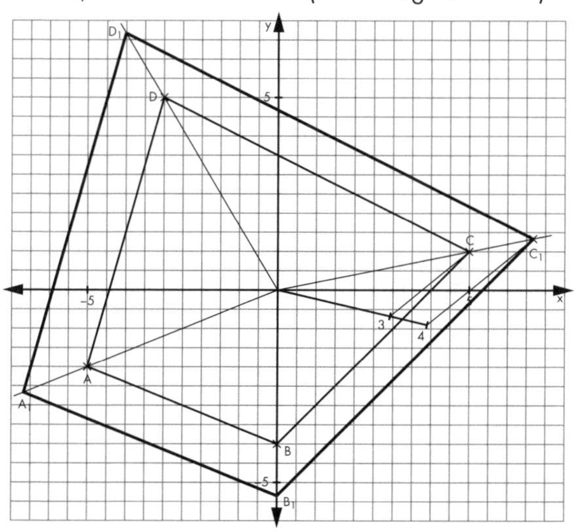

937

$\overline{ED} = 4{,}7$ cm
$\overline{E_1D_1} \approx 6{,}3$ cm

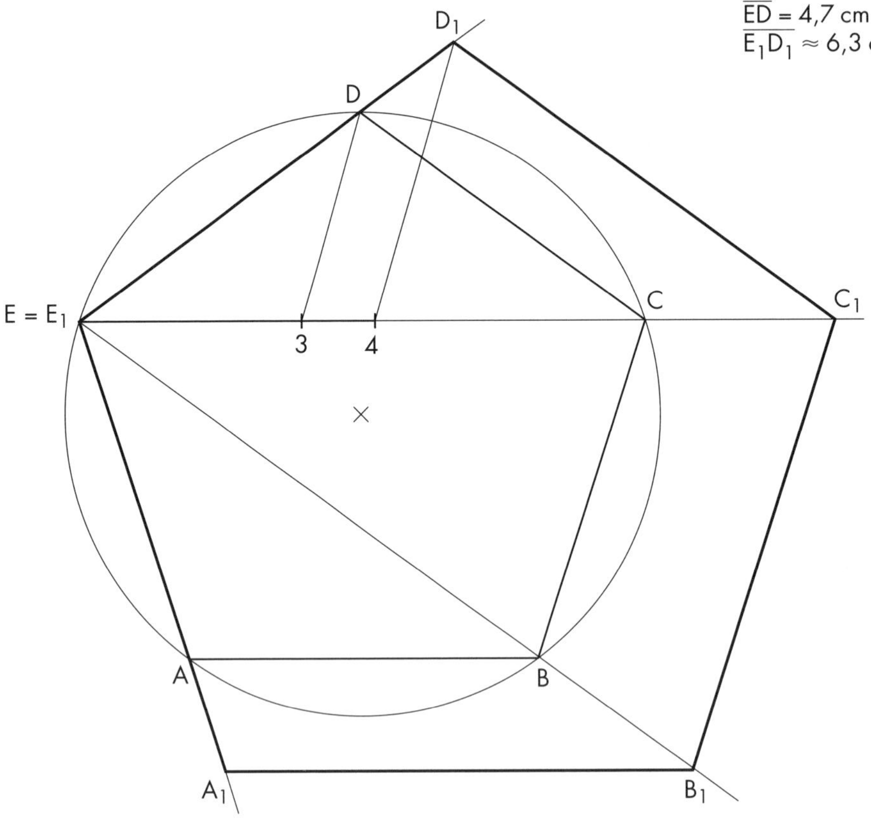

938 C (4/3); D (0/6); $\overline{AB} = 5$ LE; $\overline{A_1B_1} \approx 4{,}4$ LE

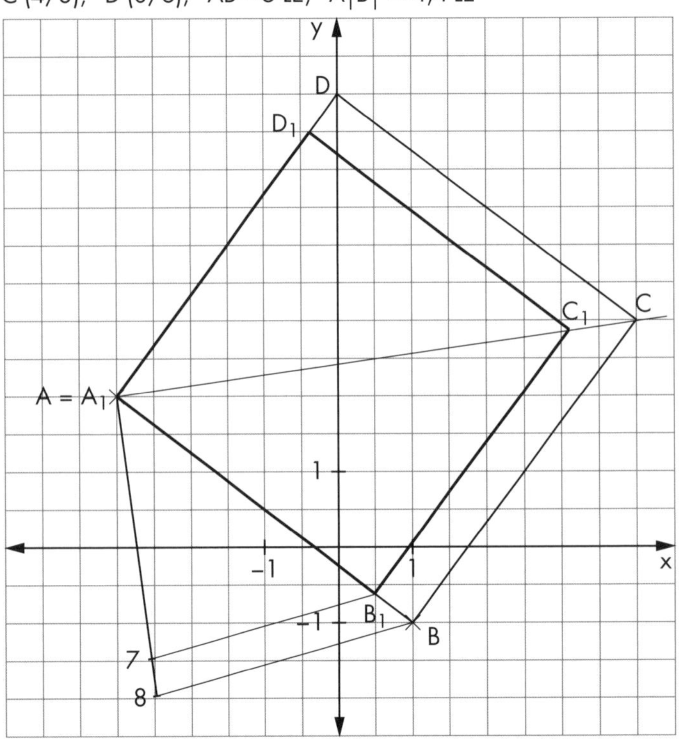

939

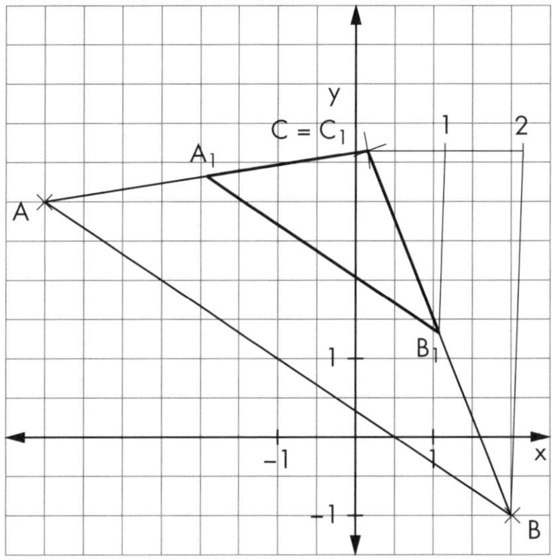

940 a) a : (a+b) = c : (c+d); a : b = c : d; e : f = a : (a+b); e : f = c : (c+d)
b) u : (u+v) = x : (x+y); u : v = x : y; w : z = u : (u+v); w : z = x : (x+y)

941 a) x = 12 b) y = 1, 6875

942 a) $x = \frac{10}{7}$; y = 14 b) x = 162; y = 90

943 a) kleiner Teil: 3,1 cm b) kleiner Teil: 5,6 cm c) kleiner Teil: 2,9 cm
Parthenon Tempel auf der Akropolis.
Gerade zwischen 5. und 6. Säule teilt im goldenen Schnitt.

944 a) 7 mm bzw. 4 mm b) 6,3 mm

945 43,71 m

946

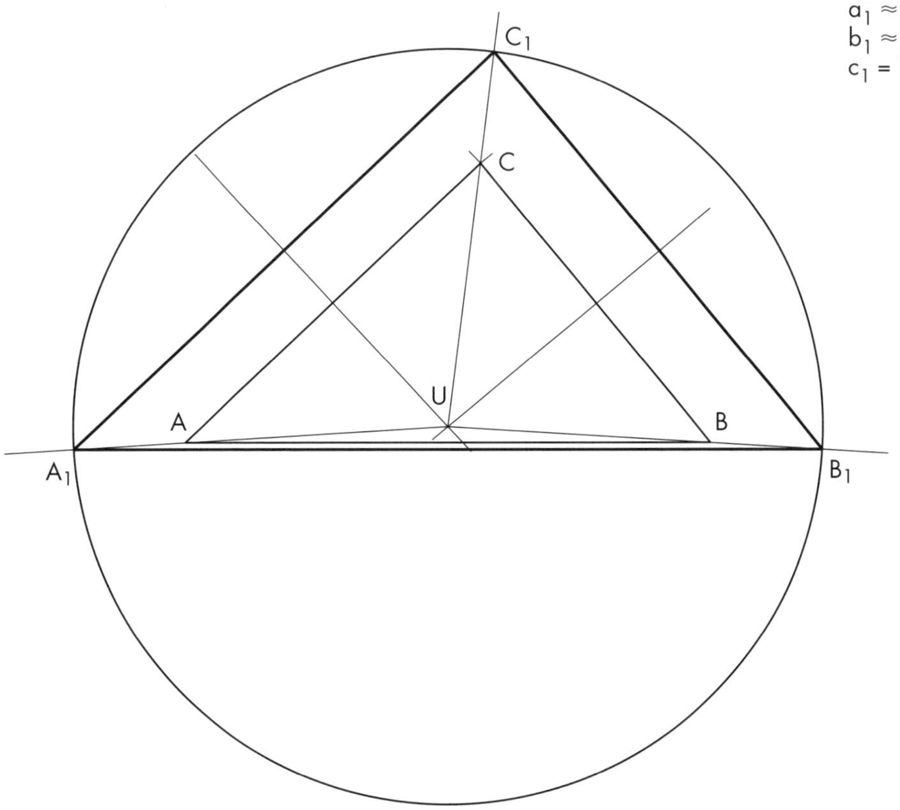

$a_1 \approx 6{,}9$ cm
$b_1 \approx 7{,}7$ cm
$c_1 = 10$ cm

947 a) $b \approx 40{,}2$ m b) $b \approx 59{,}8$ m

948 –

949 –

950 –

951 –

952 –

953 Figuren 2 und 4

954

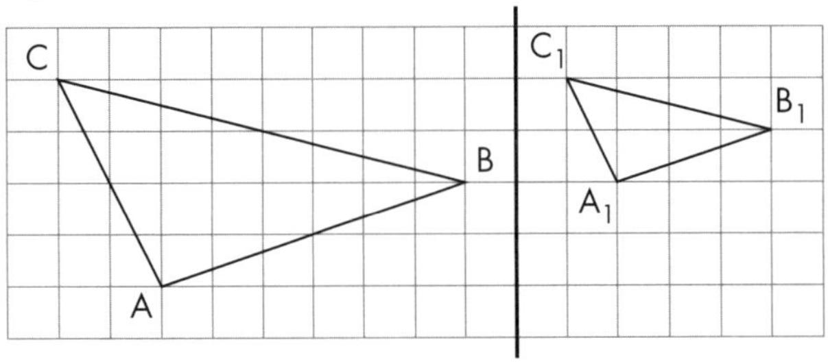

955 $b_1 = 1{,}8$ cm; $c_1 = 3{,}2$ cm

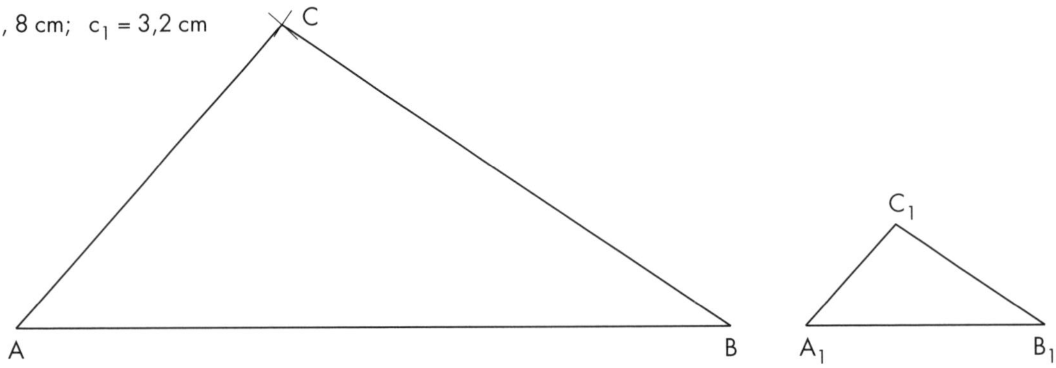

956 $\overline{AT} \approx 3{,}7$ cm

957

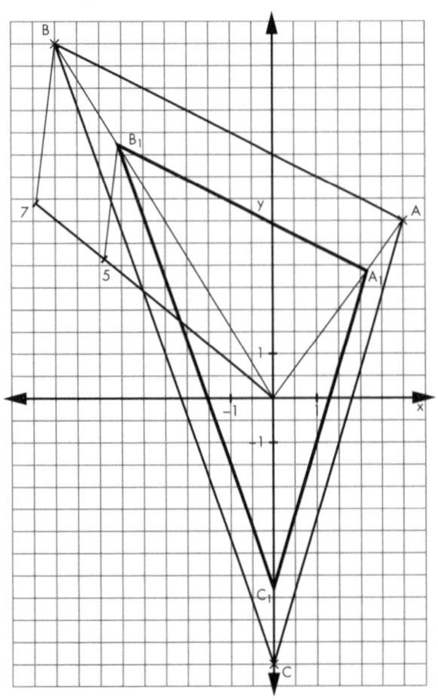

(Zeichnung verkleinert)
$A_1(2{,}1/2{,}9)$
$B_1(-3{,}6/5{,}7)$
$C_1(0/-4{,}3)$

Lehrsatz des Pythagoras

958 a)
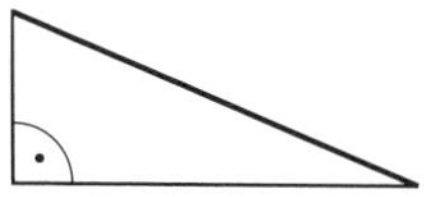
b)
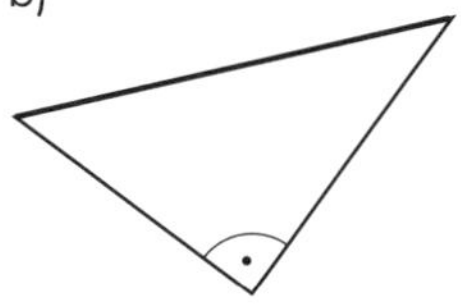
c)
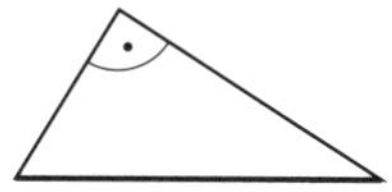
d)
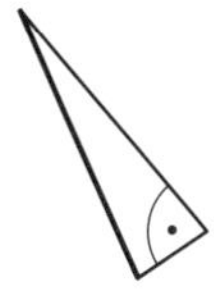

959 a)
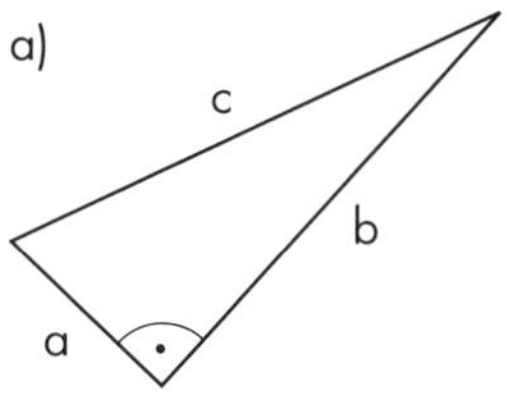

b)
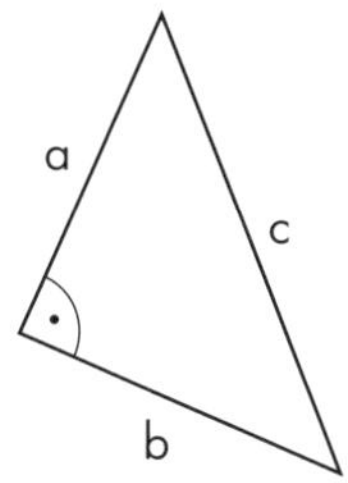

c)
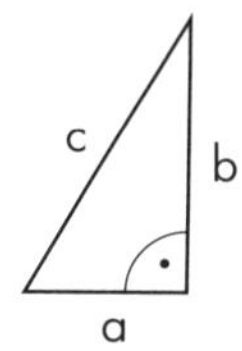

d)
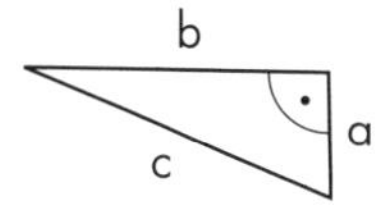

960 a) $s^2 = r^2 + t^2$
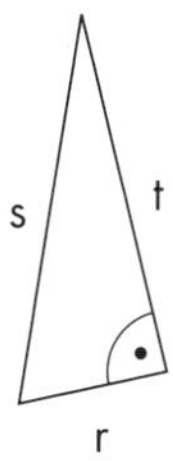

b) $b^2 = a^2 + c^2$
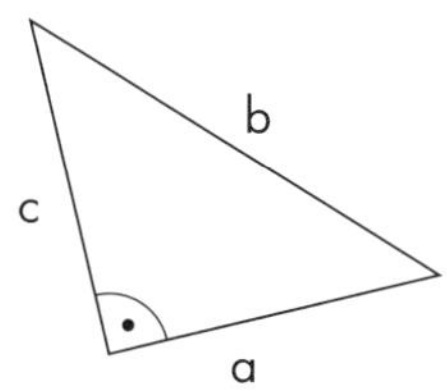

c) $a^2 = b^2 + c^2$
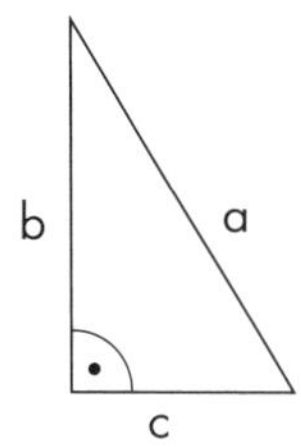

d) $w^2 = u^2 + v^2$
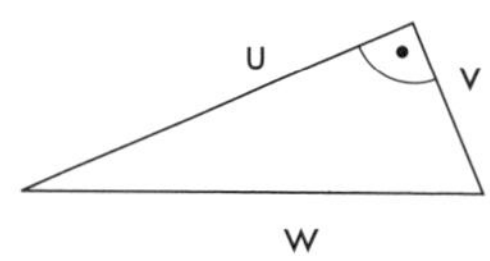

961 a)
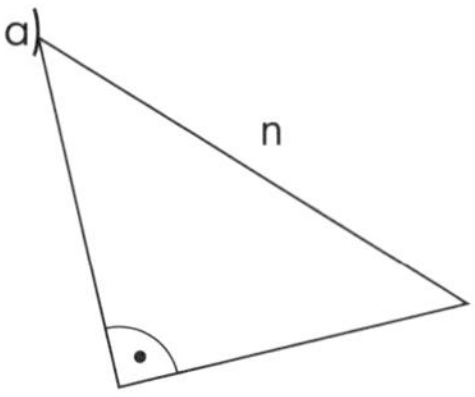

b)
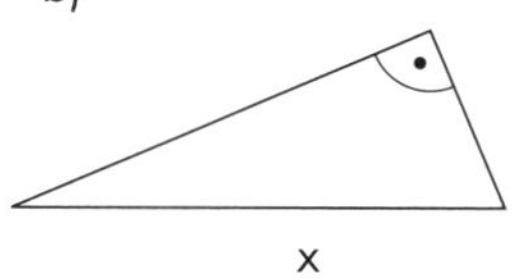

c)
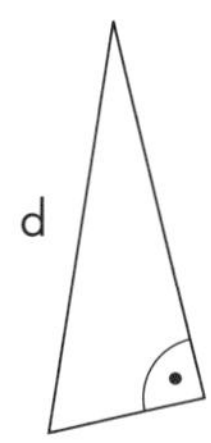

d)
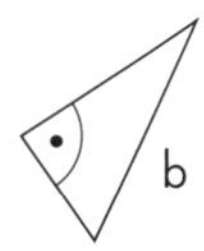

962 a) 81; 0,3136 b) 21 025; 26,01 c) 256; 0,0049 d) 158,76; 6 087,1204

963 a) 12 b) ≈ 15,65 c) ≈ 0,36 d) 0,4

964

	a	b	a^2	b^2	$c^2 = a^2 + b^2$	$c = \sqrt{a^2 + b^2}$	c	c
a)	8	15	64	225	$c^2 = 64 + 225$	$c = \sqrt{64 + 225}$	$c = \sqrt{289}$	17
b)	12	9	144	81	$c^2 = 144 + 81$	$c = \sqrt{144 + 81}$	$c = \sqrt{225}$	15
c)	16	12	256	144	$c^2 = 256 + 144$	$c = \sqrt{256 + 144}$	$c = \sqrt{400}$	20
d)	18	17	324	289	$c^2 = 324 + 289$	$c = \sqrt{324 + 289}$	$c = \sqrt{613}$	≈ 24,76

965 a) c = 5 b) f ≈ 12,14 c) b ≈ 17,69 d) ≈ 5,43

966

	c	b	c^2	b^2	$a^2 = c^2 - b^2$	$a = \sqrt{c^2 - b^2}$	a	a
a)	45	27	2 025	729	$a^2 = 2\,025 - 729$	$a = \sqrt{2\,025 - 729}$	$a = \sqrt{1\,296}$	36
b)	85	13	7 225	169	$a^2 = 7\,225 - 169$	$a = \sqrt{7\,225 - 169}$	$a = \sqrt{7\,056}$	84
c)	13	12	169	144	$a^2 = 169 - 144$	$a = \sqrt{169 - 144}$	$a = \sqrt{25}$	5
d)	26	10	676	100	$a^2 = 676 - 100$	$a = \sqrt{676 - 100}$	$a = \sqrt{576}$	24

967 a) c = 24 b) b = 117 c) r = 10 d) x ≈ 7,62

968 a) $c = 7{,}3$ cm b) $c = 6{,}5$ cm c) $c = 9{,}1$ cm d) $c = 4{,}7$ cm

969 a) $b = 54{,}7$ m; $A = 328{,}2$ m² b) $a = 86{,}6$ cm; $A = 2\,165$ cm²
c) $a = 12{,}5$ dm; $A = 43{,}6$ dm² d) $b = 15{,}4$ cm; $A = 131{,}5$ cm²

970 a) $c = 40{,}1$ cm b) $c = 81$ cm c) $c = 61{,}5$ cm d) $c = 52{,}2$ cm

971 a) $a = 10$ m; $c = 70{,}7$ m; $h = 9{,}9$ m; $u = 150{,}7$ m
b) $b = 20$ m; $c = 55{,}7$ m; $h = 18{,}7$ m; $u = 127{,}7$ m
c) $a = 4$ dm; $c = 50{,}2$ dm; $h = 4$ dm; $u = 104{,}2$ dm

972 $\approx 4{,}85$ m

973 $h = 2{,}5$ m; $d = 0{,}9$ m

974 mindestens 5,22 m

975 a) 48,4 m b) 120,6 m c) 86 m d) 98,4 m

976 a) 9,1 b) 13,6 c) 7,1 d) 5

977 a) $u = 25{,}1$ b) $u = 29{,}1$ c) $u = 28{,}3$ d) $u = 23{,}4$

978 a) $d = 7{,}8$ cm; b) $d = 14{,}4$ cm c) $d = 8{,}1$ cm d) $d = 4{,}24$ m

979 a) $u = 263$ cm; $A = 3\,666$ cm² b) $u = 208$ mm; $A = 2\,225$ mm²

980 a) $a = 25$ m; $d = 32$ m; $A = 500$ m² b) $a = 16$ m; $d = 20$ m; $A = 192$ m²
c) $a = 55$ m; $d = 71$ m; $A = 2\,475$ m² d) $a = 9{,}8$ m; $d = 12{,}3$ m; $A = 73{,}5$ m²

981 a) $d = 6{,}5$ cm b) $d = 8{,}06$ m c) $d = 32{,}5$ mm

982 a) $d = 15{,}6$ cm b) $d = 58$ m c) $d = 19{,}9$ dm

983 a) $d = 1{,}7$ m b) $d = 6{,}9$ cm c) $d = 3{,}7$ m

984 a) $h = 8$ cm b) $h = 6{,}9$ cm c) $h = 35$ cm d) $h = 3{,}3$ cm

985 $u = 33{,}3$ cm

986 $a = 3{,}625$ cm; $h = 2{,}625$ cm

987 a) $h = 5{,}7$ cm b) $h = 6{,}9$ cm c) $h = 55{,}5$ cm d) $h = 5{,}1$ m

988 a) $u = 32{,}6$ cm; $A = 51{,}6$ cm² b) $u = 370{,}2$ cm; $A = 5\,494{,}5$ cm²
c) $u = 158{,}6$ m; $A = 1\,506{,}2$ m² d) $u = 166$ dm; $A = 1\,440{,}8$ dm²

989 a) $s = \sqrt{\left(\frac{f}{2}\right)^2 + \left(\frac{e}{2}\right)^2}$ b) $s = 2{,}9$ cm

990 a) $e = 6{,}2$ cm; b) $f = 8{,}7$ cm c) $e = 10{,}2$ cm d) $f = 30$ cm

991 (1) $a = 2{,}2$ cm; $b = 4{,}5$ cm (2) $a = 2{,}8$ cm; $b = 3{,}6$ cm
(3) $a = 3{,}6$ cm; $b = 2{,}8$ cm (4) $a = 4{,}5$ cm; $b = 2{,}2$

992 –

993 a) $a = 3$; $b = 4$; $c = 5$ b) $a = 40$; $b = 42$; $c = 58$
c) $a = 69$; $b = 2\,380$; $c = 2\,381$ d) $a = 7$; $b = 24$; $c = 25$

994 –

995 ca. 4,5 cm

996 gelbes Quadrat = grünes Quadrat + braunes Quadrat; $c^2 = a^2 + b^2$

997 –

998 11,3 m

999 $c = 9{,}2$ cm

1000 5,3 cm

1001 $d = 6{,}2$ cm

1002 $\overline{AB} = 9{,}2$ E

1003 $d = 8{,}5$ cm

Statistik

1004 a)

Klasse	Absolute Häufigkeit	Relative Häufigkeit	Prozentuelle H.
30 – 39kg	6	$\frac{1}{4}$	25 %
40 – 49 kg	7	$\frac{7}{24}$	29,2 %
50 – 59 kg	7	$\frac{7}{24}$	29,2 %
60 – 69 kg	4	$\frac{1}{6}$	16,7 %

b)

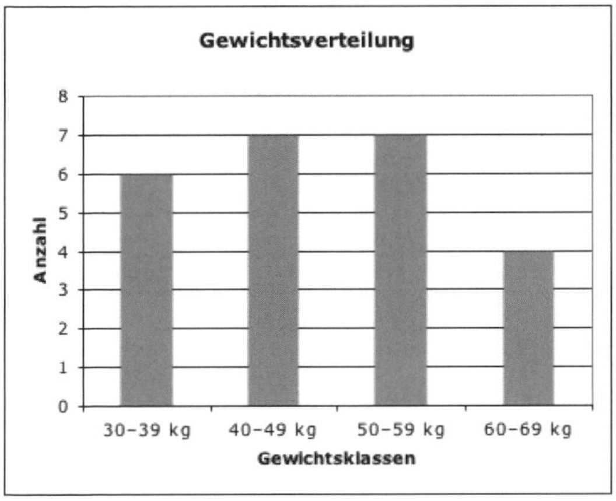

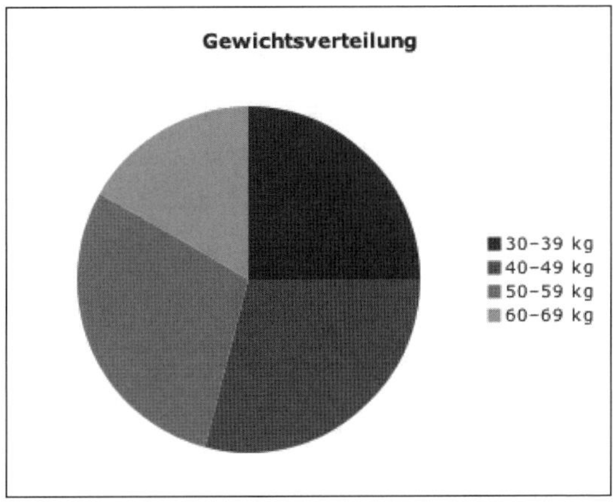

c) Mittelwert: 48,9 kg; Spannweite: 35,6 kg

1005 –

1006 a) 45 b) 4736

1007 a) –

b) Mittelwert: 17,9 Mio.; Spannweite: 82,1 Mio.

c) und d)		absolut	relativ	prozentuell
	< 10 Mio.	14	$\frac{14}{27}$	51,9 %
	10 – 19,9 Mio.	6	$\frac{2}{9}$	22,2%
	20 – 29,9 Mio.	1	$\frac{1}{27}$	3,7 %
	> 30 Mio.	6	$\frac{2}{9}$	22,2 %

e)

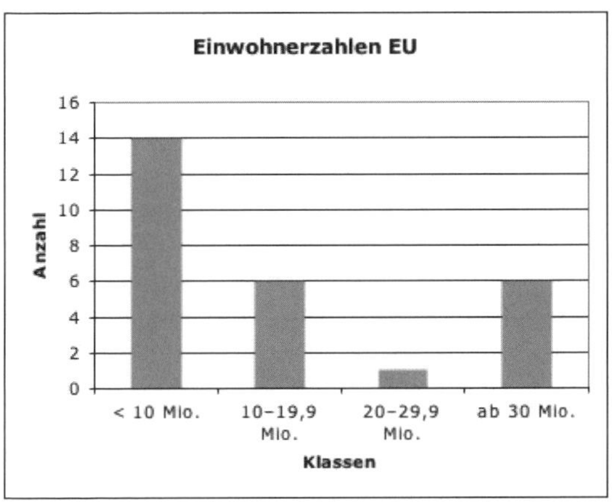

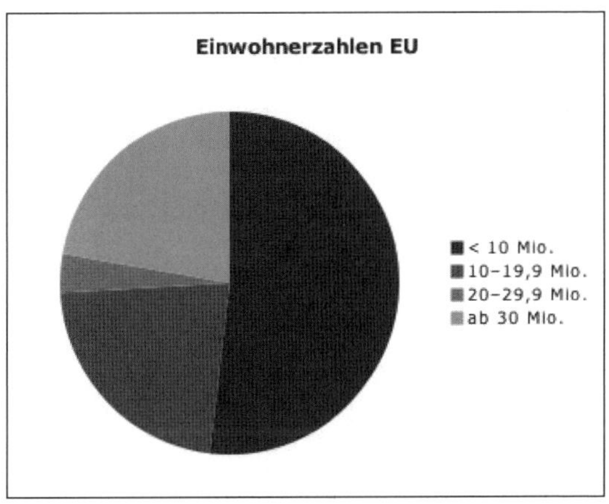

1008 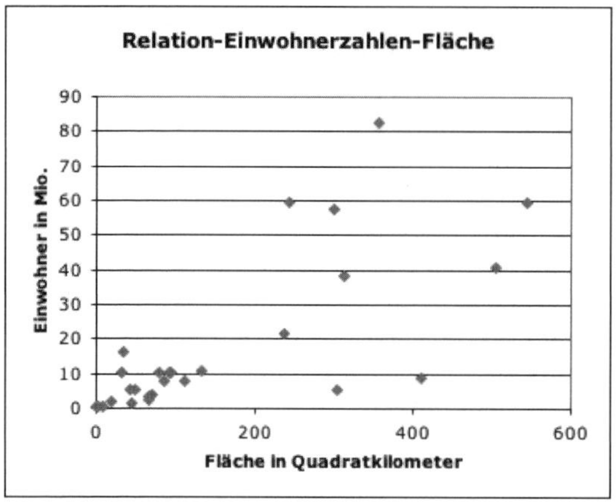

Grundsätzlich gibt es einen Zusammenhang zwischen Fläche und Einwohnerzahl, zumindest bei Flächen bis ca. 100 km².
Einige Länder, wie z. B. Finnland, fallen aber aus der Reihe!

1009 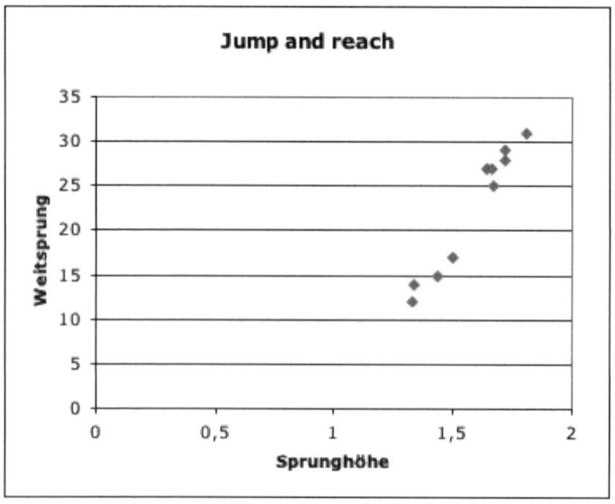

Die Punkte liegen fast auf einer Linie.
Daher besteht ein Zusammenhang zwischen erreichter Höhe und Weitsprung.

1010 –

1011 –

1012 –

1013 a) Fußlänge in cm · 1,5 = Pariser Stich; $\frac{\text{Fußlänge in cm} \cdot 20 - 415}{17}$ = US-Size
b) 1 071
c) ca. 27 cm

1014 –

1015 a) ca. 1,40 m b) Größe 210

1016

3	4,7	8,6	9				
4	5,2	5,2	8	4,7	5,3	7	8,1
5	1,7	3,2	5	3			
6	1,8	1,3					

1017 Mittelwert = 48,2 kg; Spannweite: 27,1 kg

1018

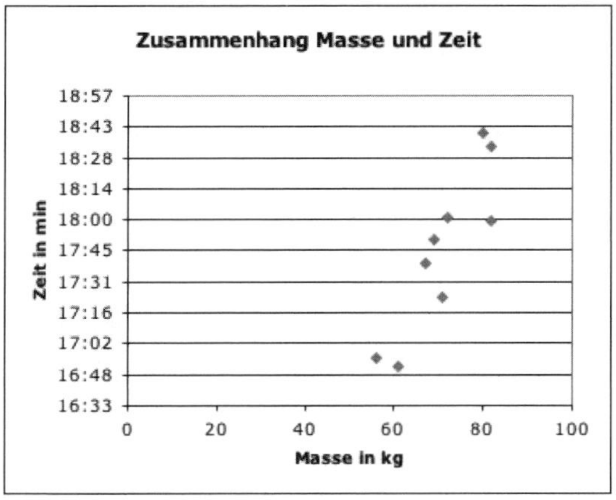

Die Grafik zeigt einen Zusammenhang zwischen Körpermasse und Laufzeit.

1019

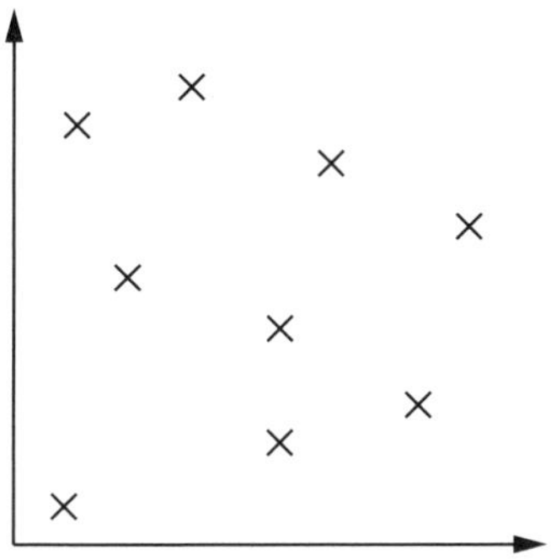

1020

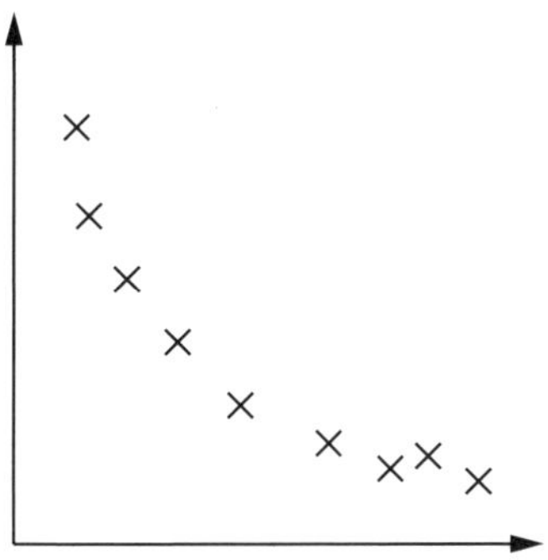

Körper 1 – Prismen

1021 a)

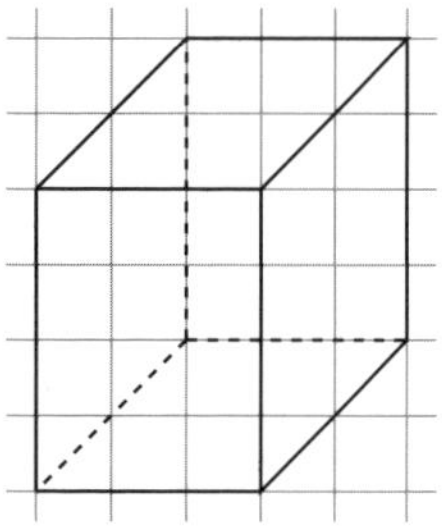

b)

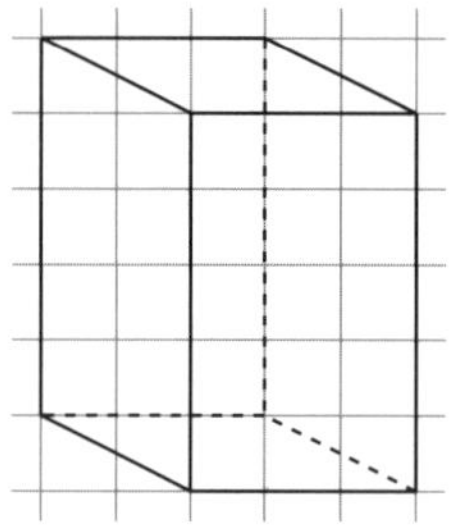

c)

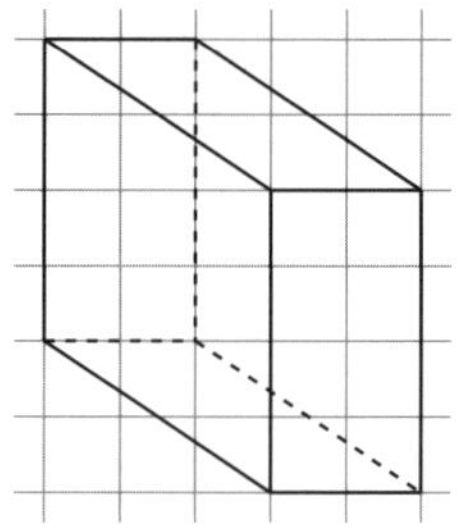

d)

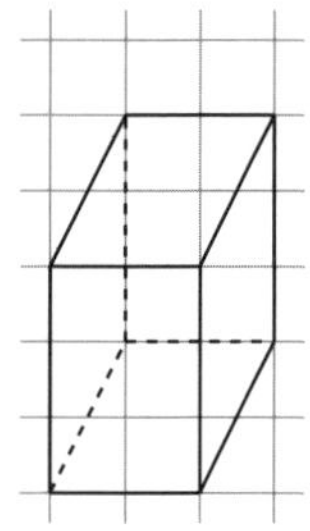

1022 –
1023 a)

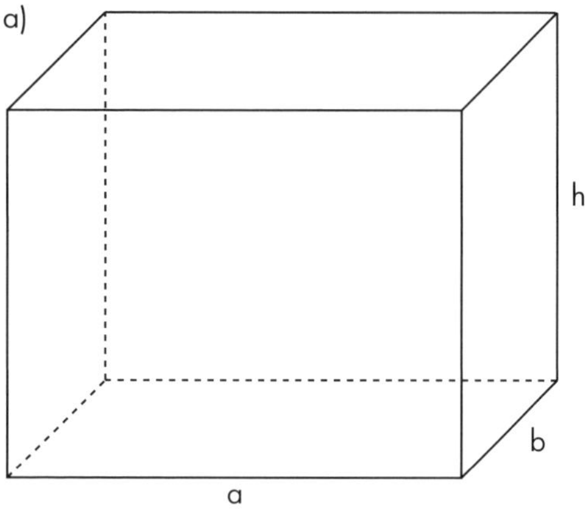

b)

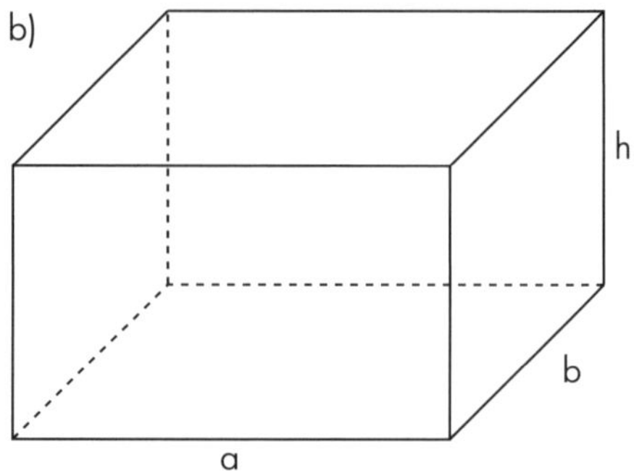

c)

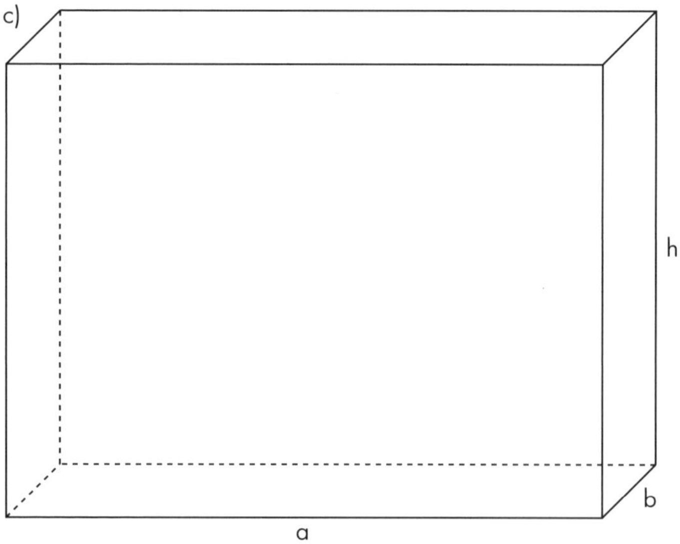

d)

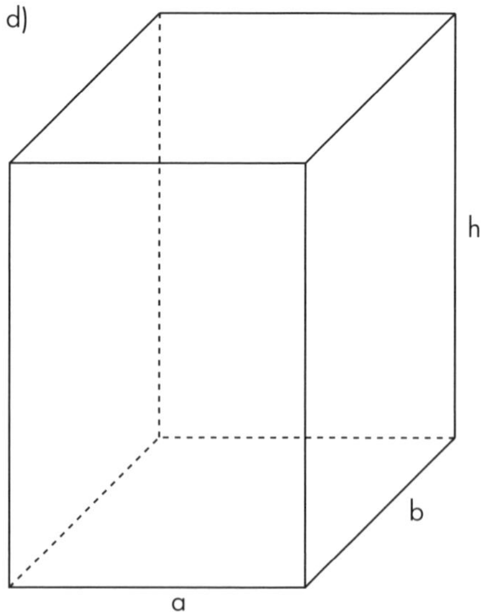

1024 a)

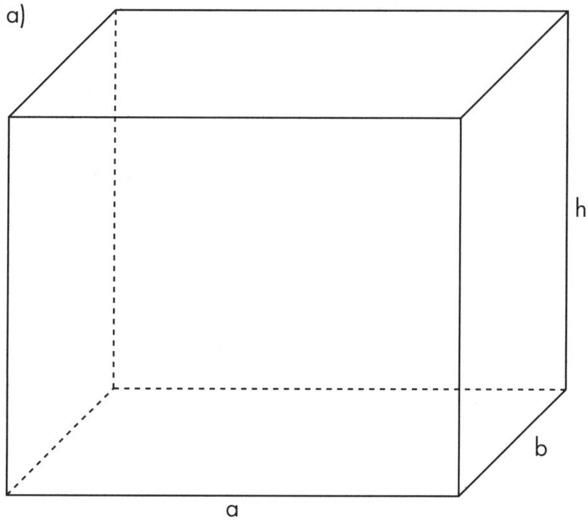

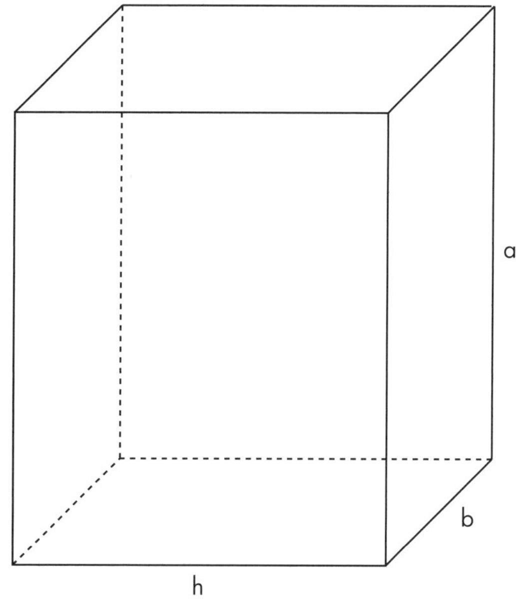

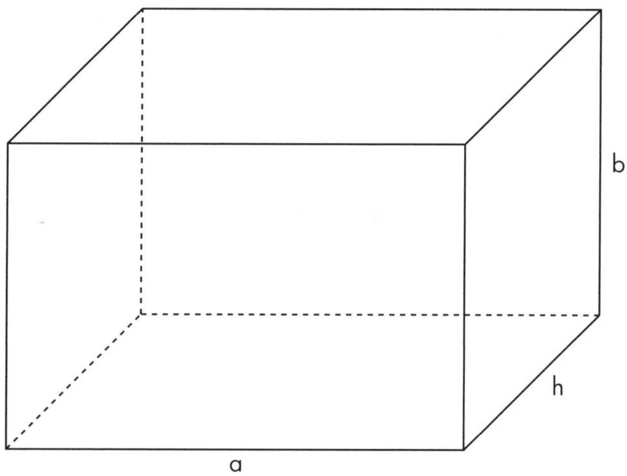

b)

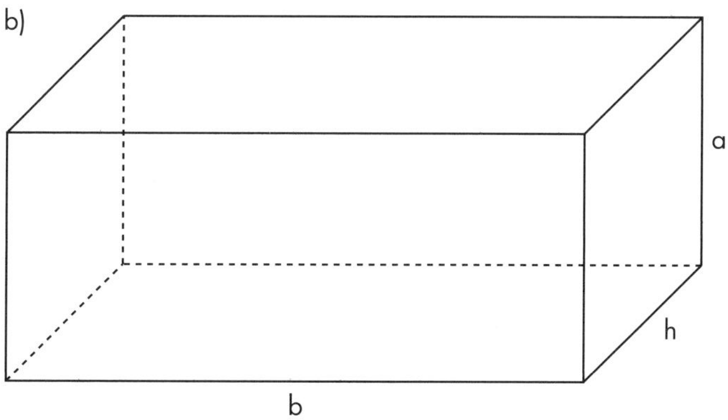

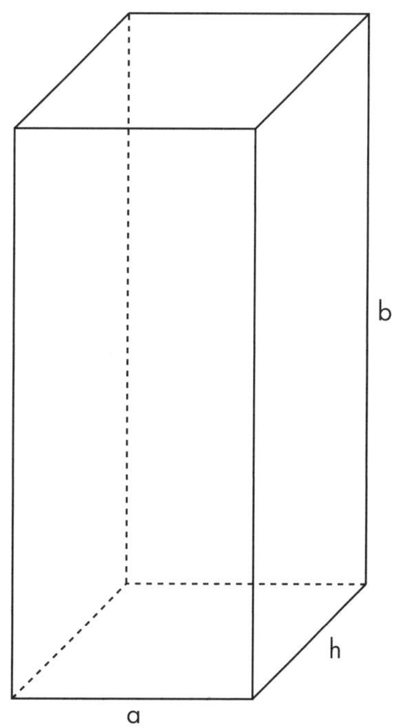

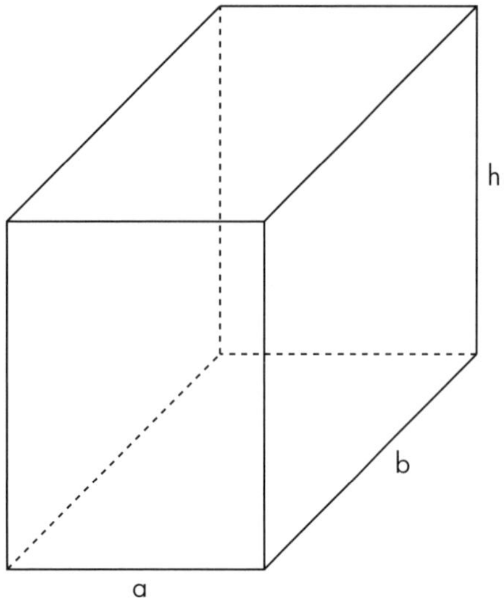

c)

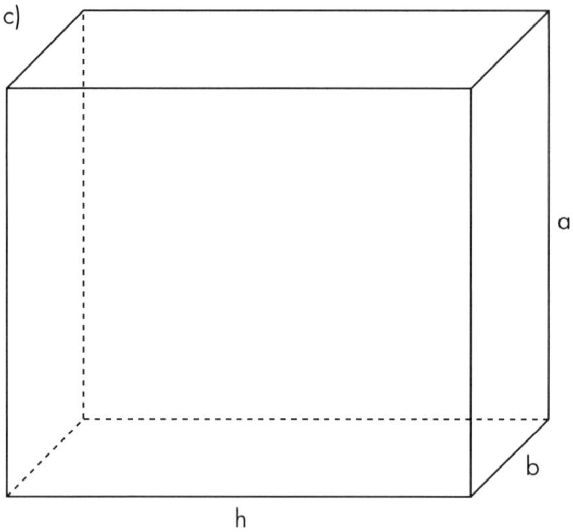

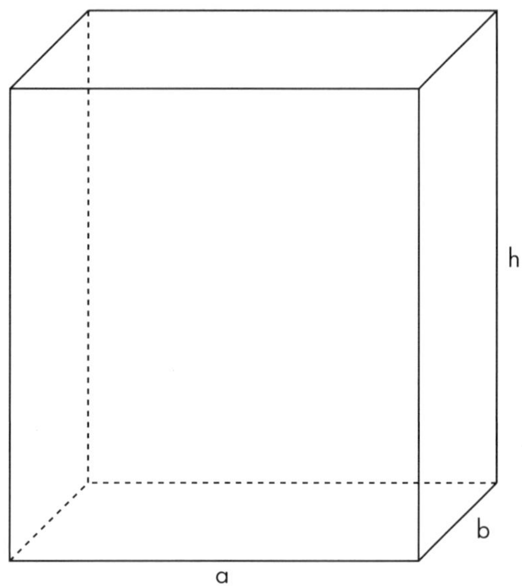

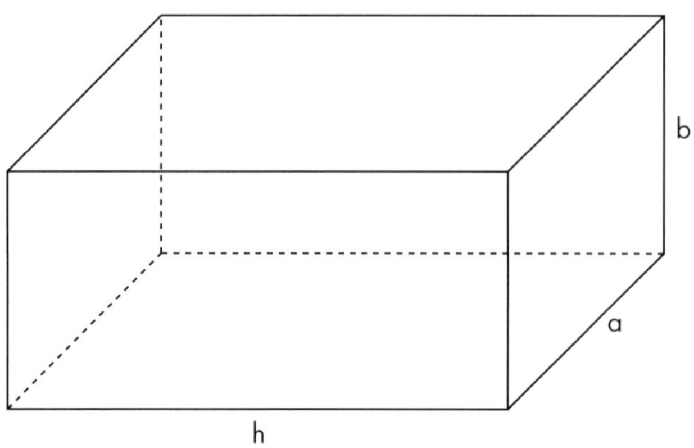

d)

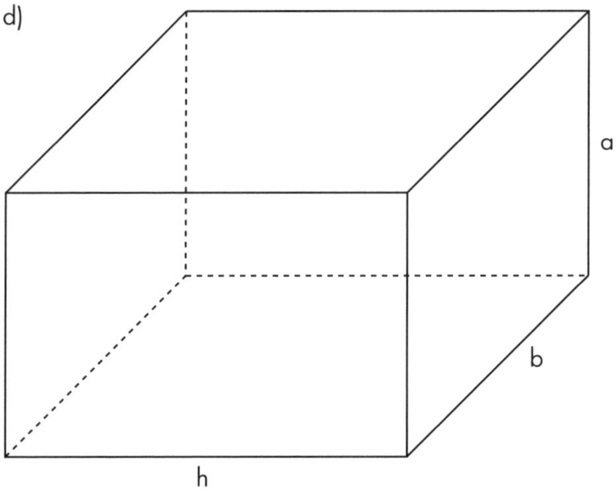

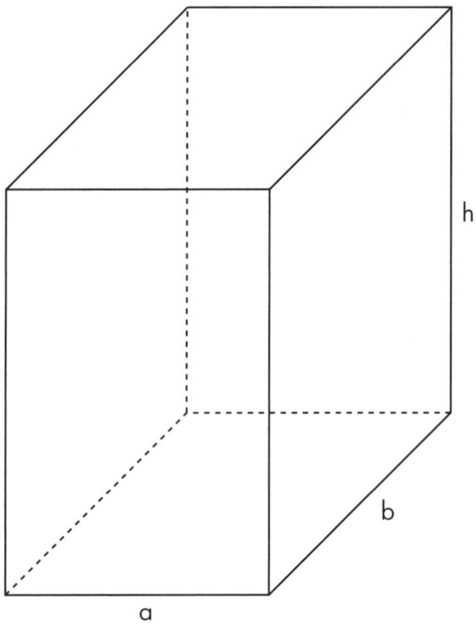

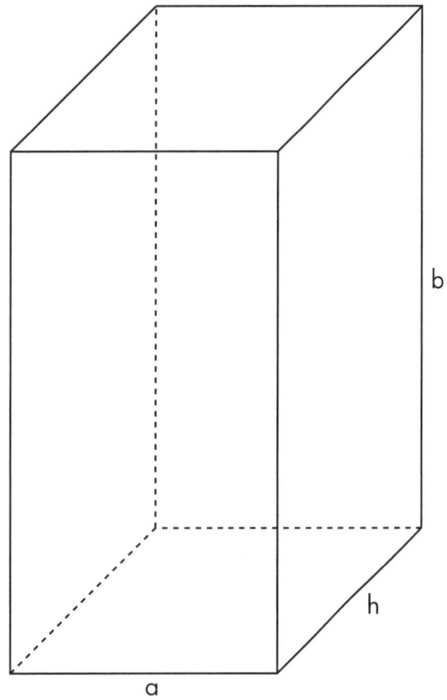

1025 mögliche Lösungen

a)

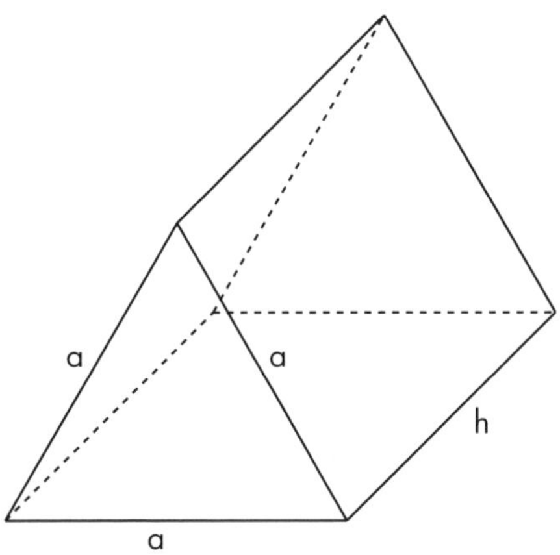

b)

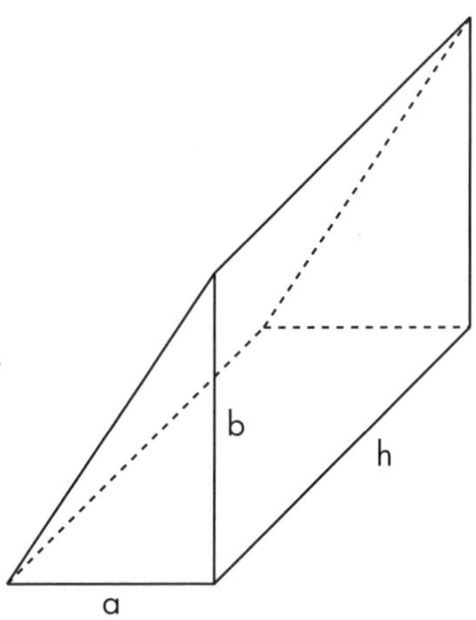

c)

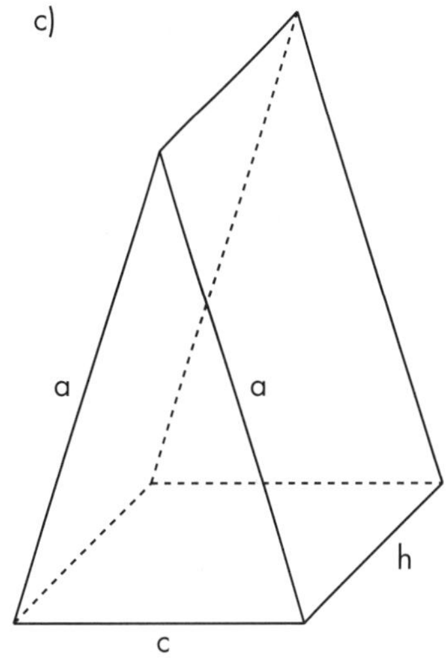

d)

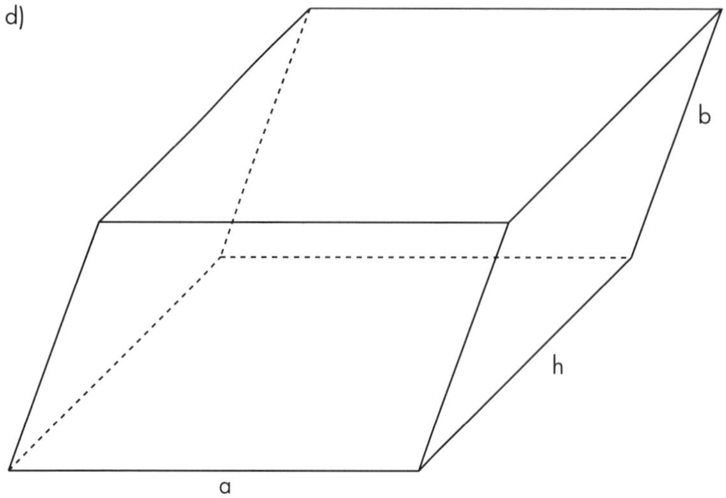

1026 a) $V = 120\ cm^3$ b) $V = 84\ cm^3$ c) $V = 87{,}36\ cm^3$ d) $V = 116{,}688\ cm^3$

1027 a) $V = 262{,}144\ cm^3$ b) $V = 703{,}8\ cm^3$ c) $V = 1\,008{,}2\ cm^3$

1028 a) $V = 182\ cm^3$ b) $V = 31{,}349\ cm^3$ c) $V = 101{,}824\ cm^3$ d) $V = 1{,}3195\ dm^3$

1029 a) $V = 90\ cm^3$ b) $V = 61{,}56\ dm^3$ c) $V = 358{,}02\ dm^3$ d) $V = 33\,235\ cm^3$

1030 308,568 kg

1031 0,03 g/cm^3

1032 a) 6 m^3 b) 9 600 kg

1033 a) $1{,}2\ m^3 = 1\,200\ dm^3$; $17{,}6\ cm^3 = 17\,600\ mm^3$; $0{,}49\ dm^3 = 490\ cm^3$; $35\ cm^3 = 0{,}035\ dm^3$
b) $0{,}2\ m^3 = 200\ dm^3$; $734\ mm^3 = 0{,}734\ cm^3$; $1\,053\ cm^3 = 1{,}053\ dm^3$; $0{,}06\ dm^3 = 60\ cm^3$

1034

	a)	b)	c)	d)
G	408 cm^2	4 539 mm^2	33,58 cm^2	1,2 m^2
M	410 cm^2	8 400 mm^2	35,7 cm^2	1,88 m^2
O	1 226 cm^2	17 478 mm^2	102,86 cm^2	4,28 m^2

1035 a) $O = 34\ cm^2$

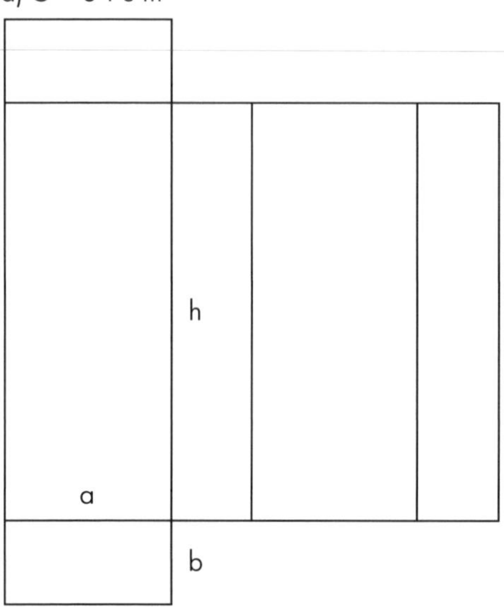

b) $O = 106{,}5\ cm^2$ (Zeichnung verkleinert)

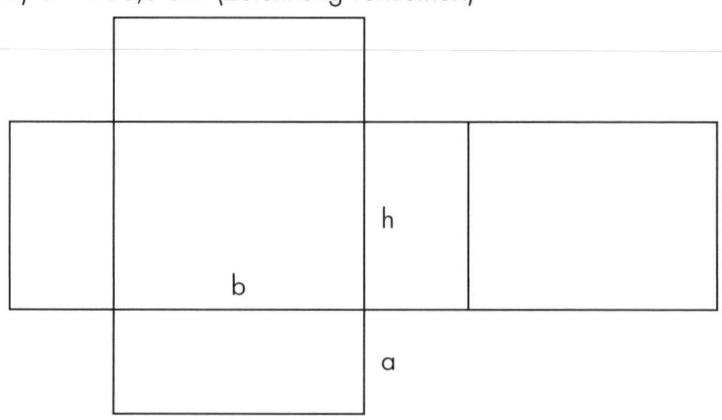

c) $O = 94{,}5\ cm^2$ (Zeichnung verkleinert)

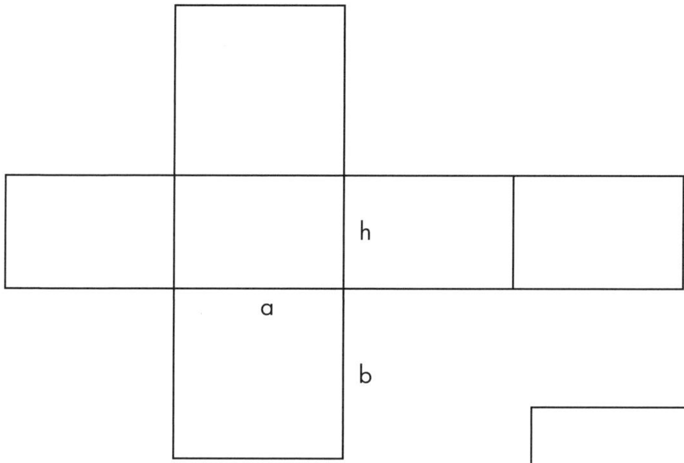

d) $O = 56\ cm^2$

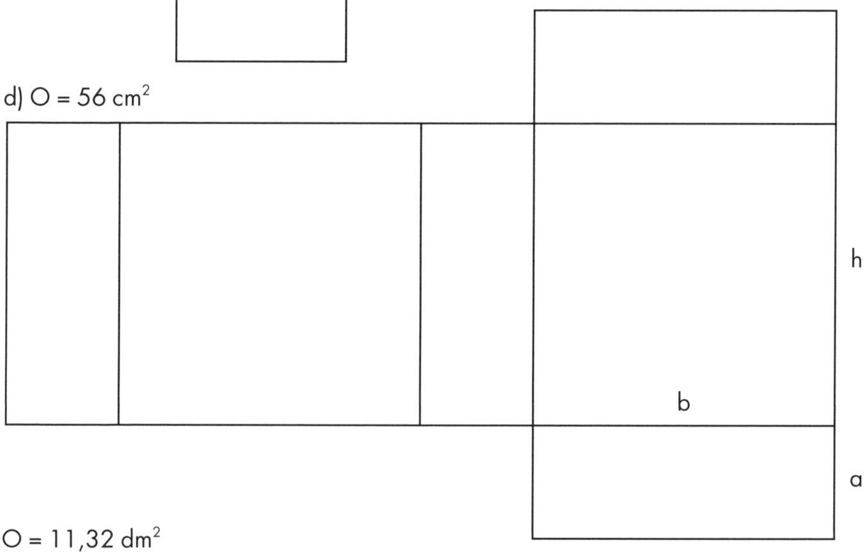

1036 $O = 11{,}32\ dm^2$

1037 a)

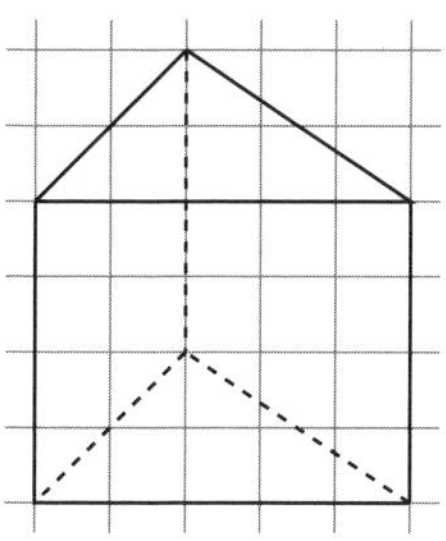

b)

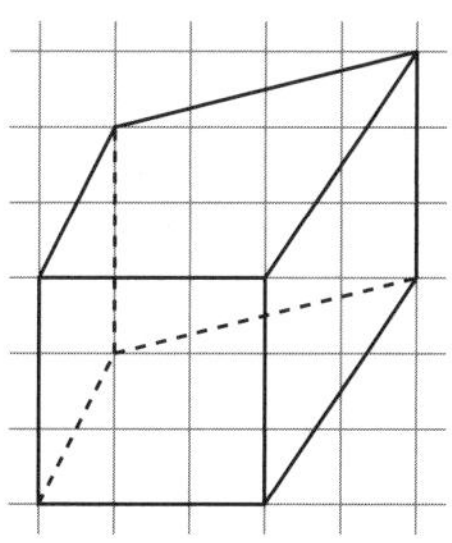

c)

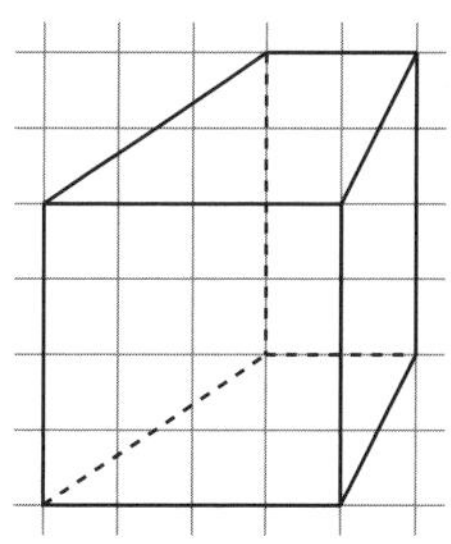

1038 a)

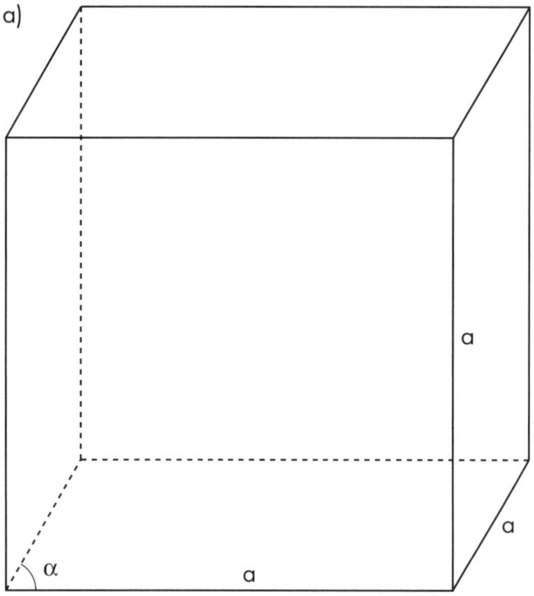

b)

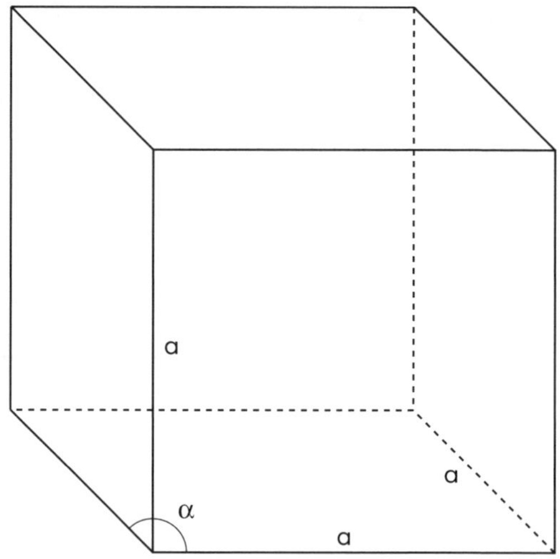

c)

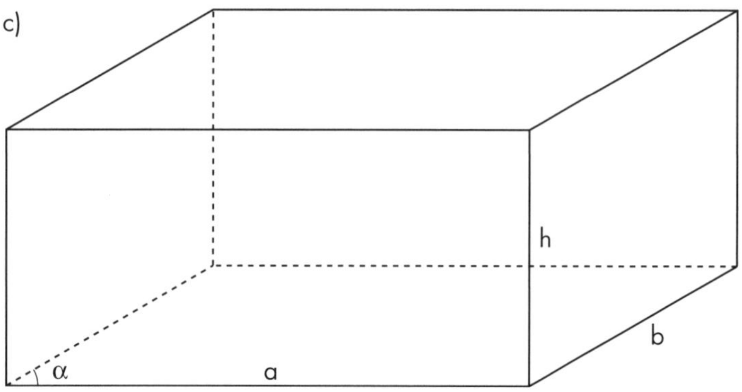

d)

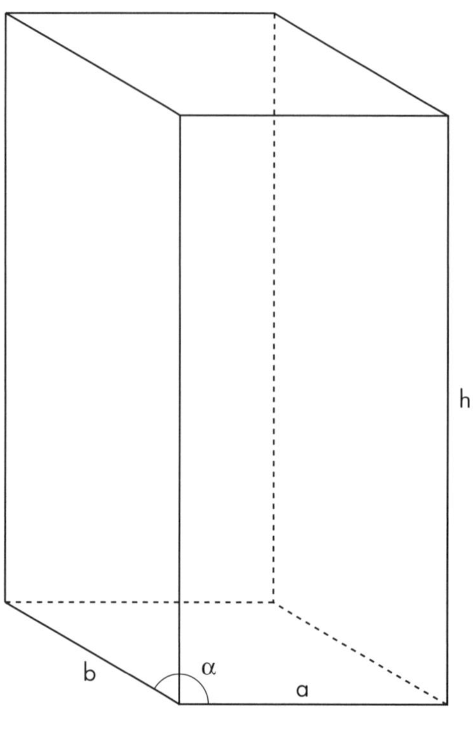

1039 –
1040 a)

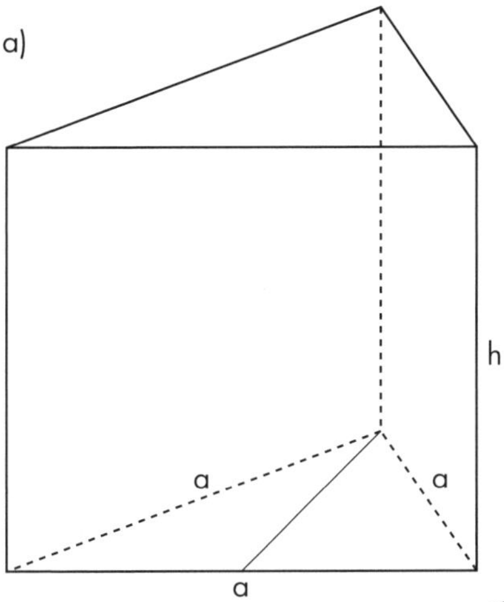

b)

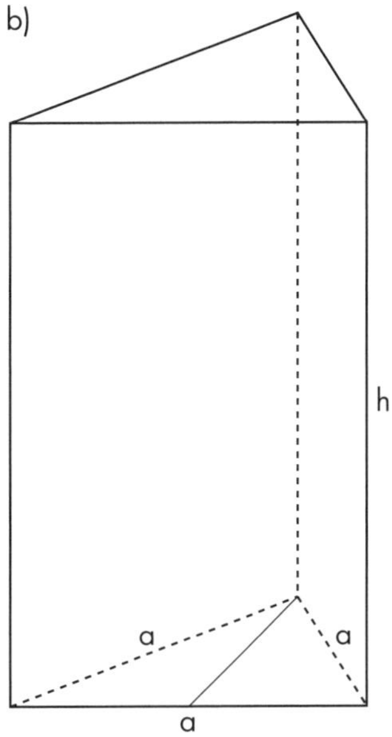

c)

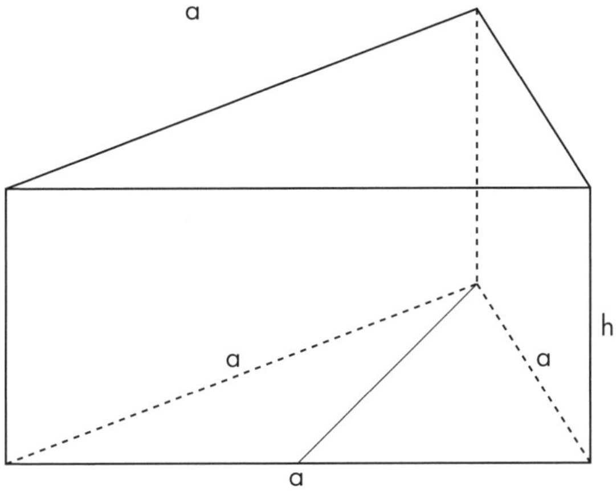

1041 a)

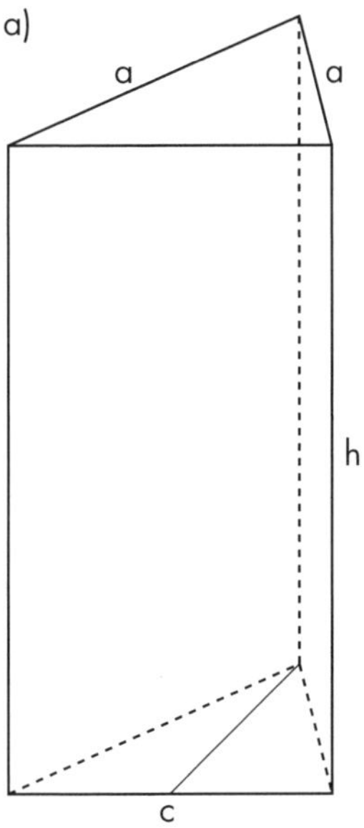

b)

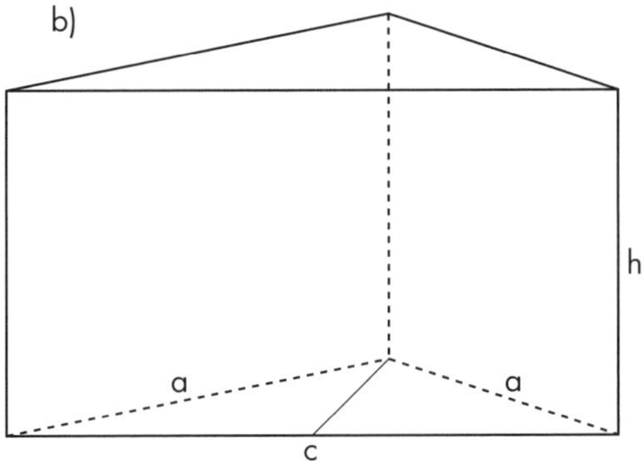

c)

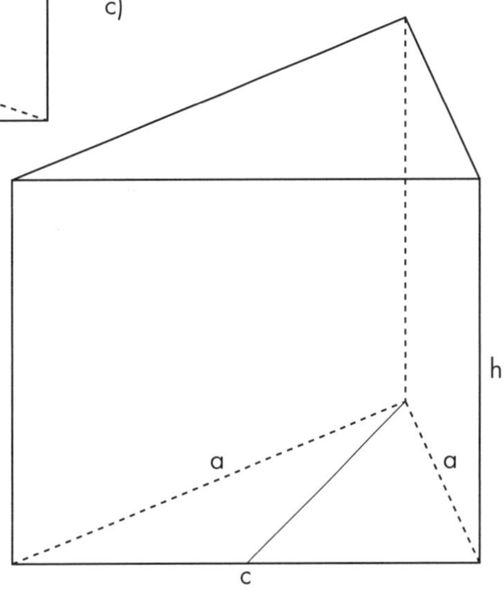

1042 a) (1)

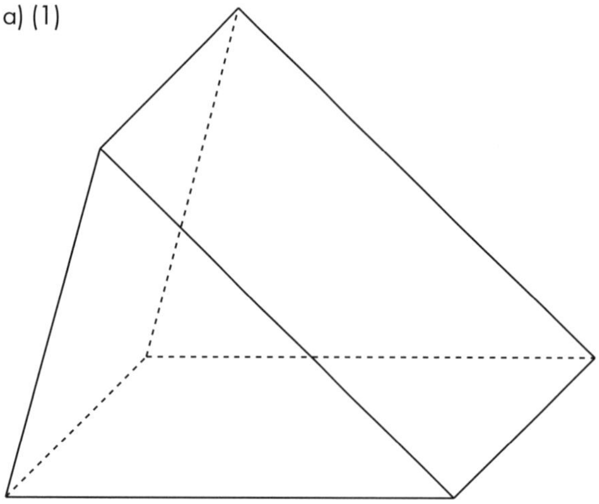

(2)

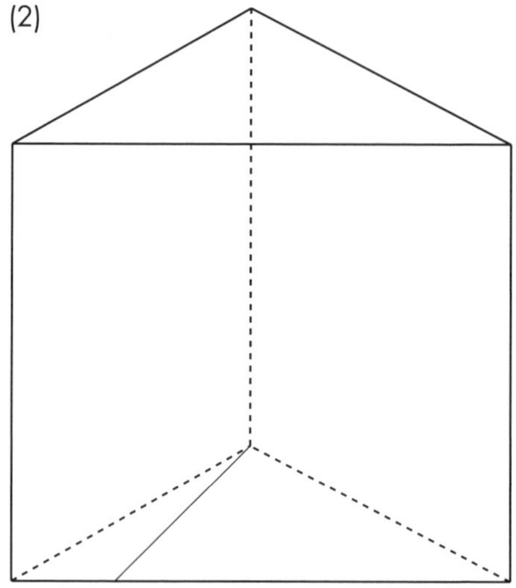

b) (1)

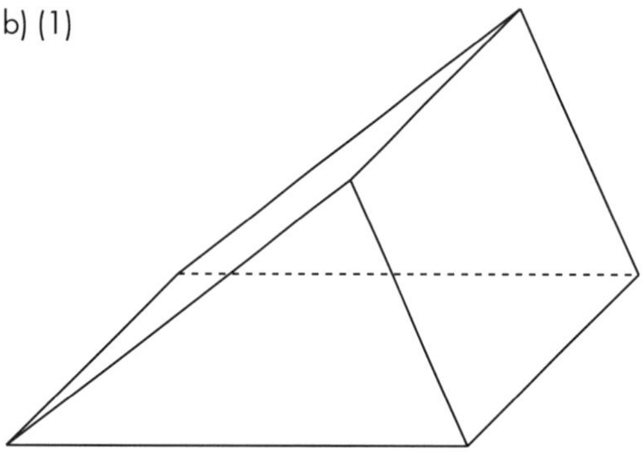

(2)

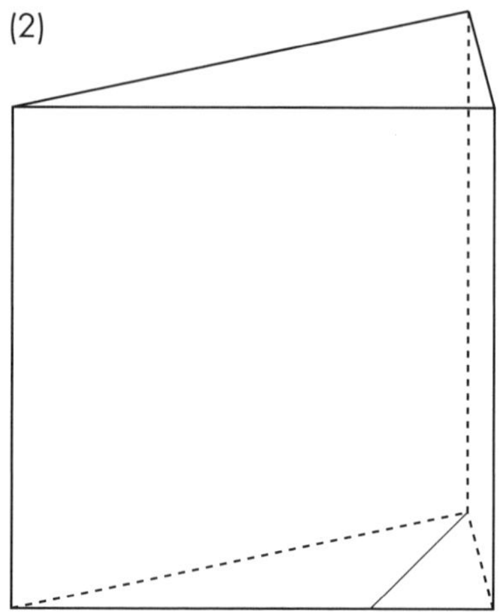

c) (1)

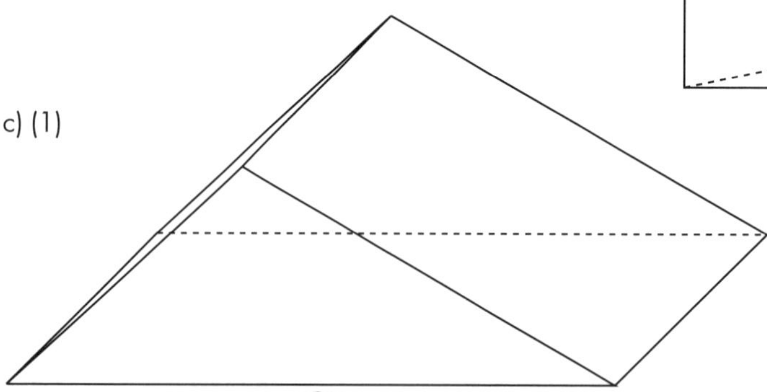

(2)

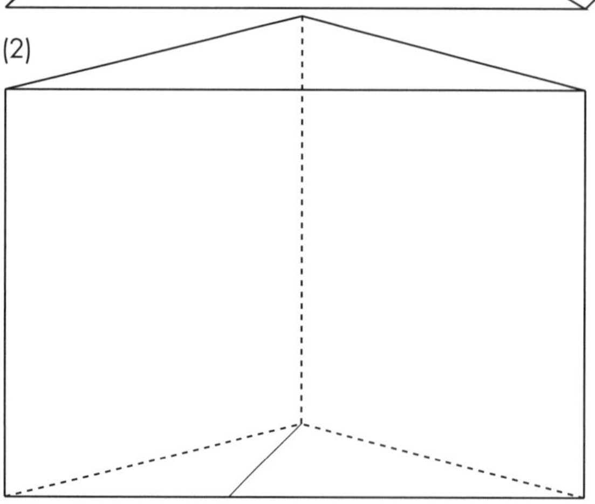

1043 a) $V = 150\ cm^3$ b) $V = 375\ cm^3$ c) $V = 500\ cm^3$ d) $V = 350\ cm^3$

1044 a) $V = 8\,715\ cm^3$; $m = 3\,486\ g$ b) $V = 864\ cm^3$; $m = 432\ g$
c) $V = 800\ cm^3$; $m = 640\ g$ d) $V = 48\,000\ cm^3$; $m = 43{,}2\ kg$

1045 ① $m_a = 67{,}977\ kg$; $m_b = 6\,739{,}2\ g$; $m_c = 6\,240\ g$; $m_d = 374{,}4\ kg$
② $m_a = 23{,}53\ kg$; $m_b = 2\,332{,}8\ g$; $m_c = 2\,160\ g$; $m_d = 129{,}6\ kg$
③ $m_a = 168{,}2\ kg$; $m_b = 16{,}675\ kg$; $m_c = 15{,}44\ kg$; $m_d = 926{,}4\ kg$

1046 a) 192 Platten b) $V = 69{,}12\ dm^3$ c) 17,28 kg

1047 28,95 kg

1048 a) $h = 12\ cm$ b) $h_c = 5\ cm$ c) $c = 0{,}36\ dm$ d) $h = 15\ dm$

1049 a) $V = 1\,300\ cm^3$; $m = 3\,510\ g$ b) $a = 0{,}4\ dm$; $m = 273\ g$
c) $b = 0{,}77\ cm$; $\rho = 19{,}3\ g/cm^3$ d) $h = 1{,}6\ cm$; $V = 0{,}8\ dm^3$

1050 a) $V = 19\,200\ m^3$ b) 2 432 LKW-Ladungen

1051 a) $l \approx 285{,}7\ m$ b) $l = 500\ m$

1052 a) $G = 4{,}5\ cm^2$ b) $s = 3\ cm$

1053 a) $0{,}05\ dm^3 = 50\ cm^3$; $0{,}65\ hl = 65\ l$; $89{,}6\ cm^3 = 0{,}0896\ l$; $4{,}7\ hl = 0{,}47\ m^3$
b) $0{,}12\ m^3 = 120\ dm^3$; $250\,000\ ml = 0{,}25\ m^3$; $0{,}45\ l = 0{,}0045\ hl$; $0{,}09\ l = 90\,000\ mm^3$

1054 a) 1 426 hl b) 6 948 hl

1055 a) $O = 582{,}84\ cm^2$ b) $O = 481{,}44\ cm^2$ c) $O = 561{,}2\ cm^2$ d) $O = 756\ cm^2$

1056 mögliche Lösungen

a) (Zeichnung verkleinert)

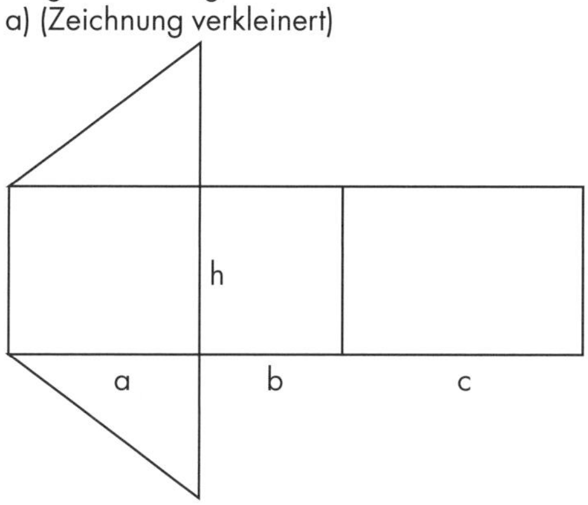

b) (Zeichnung verkleinert)

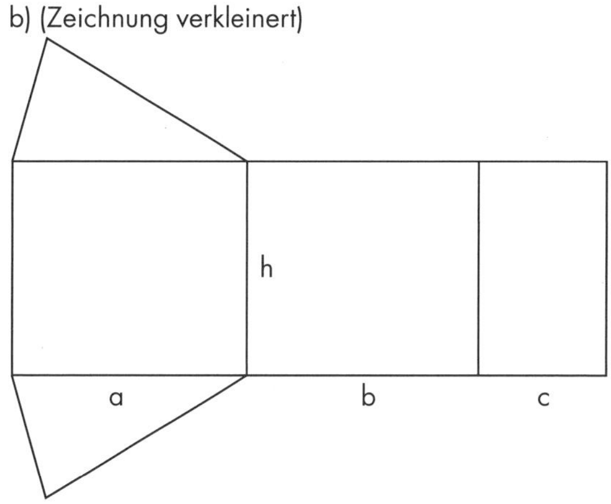

c) (Zeichnung verkleinert)

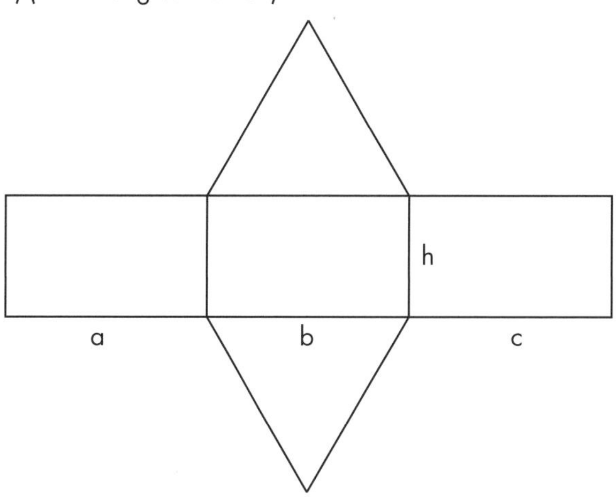

d) (Zeichnung verkleinert)

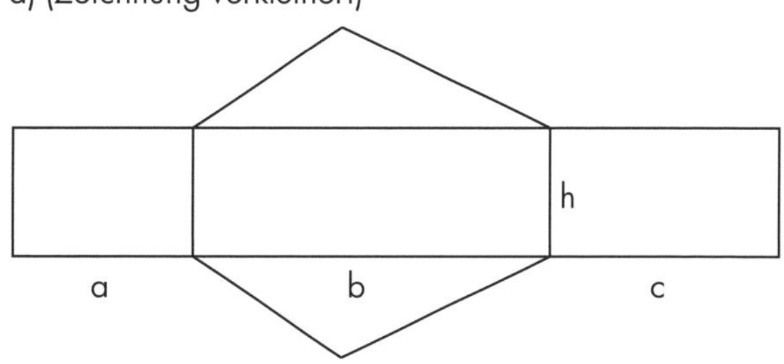

1057 a) $G = 6\ cm^2$; $M = 42\ cm^2$; $O = 54\ cm^2$
b) $G = 7{,}94\ cm^2$; $M = 70\ cm^2$; $O = 85{,}88\ cm^2$
c) $G = 10{,}8\ cm^2$; $M = 45\ cm^2$; $O = 66{,}6\ cm^2$
d) $G = 6{,}7\ cm^2$; $M = 37{,}5\ cm^2$; $O = 50{,}9\ cm^2$

1058 a) $50{,}78\ m^2$ b) 71,70 €

1059 a) 11 cm $V = 1\,331\ cm^3$; $m = 10{,}38\ kg$

1060 a) (1)

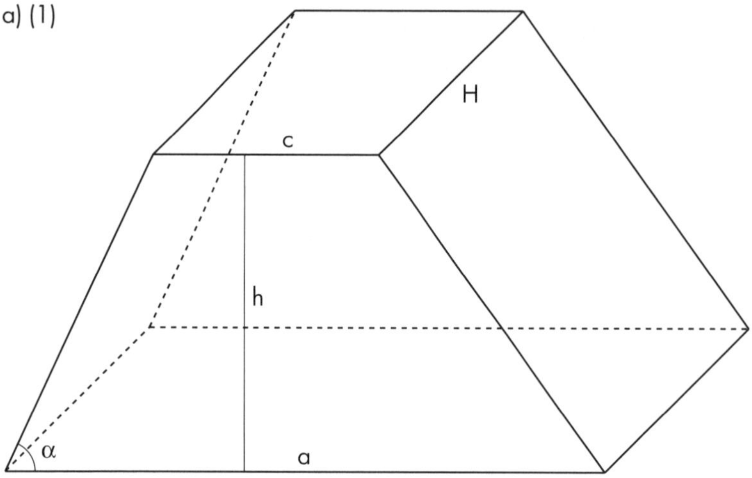

(2)

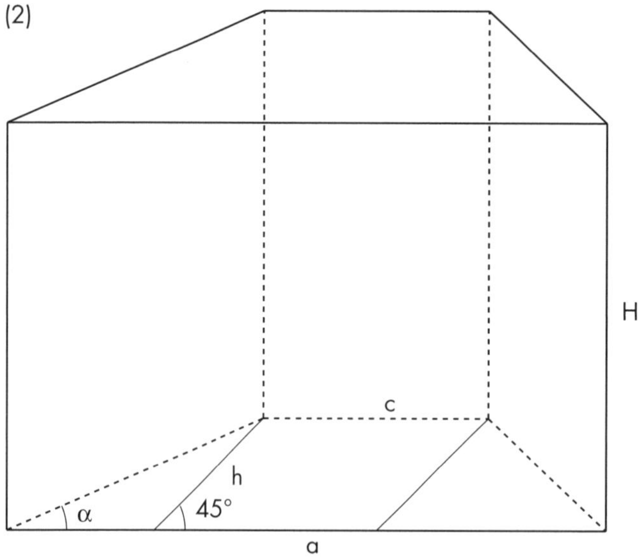

1060 b) (1)

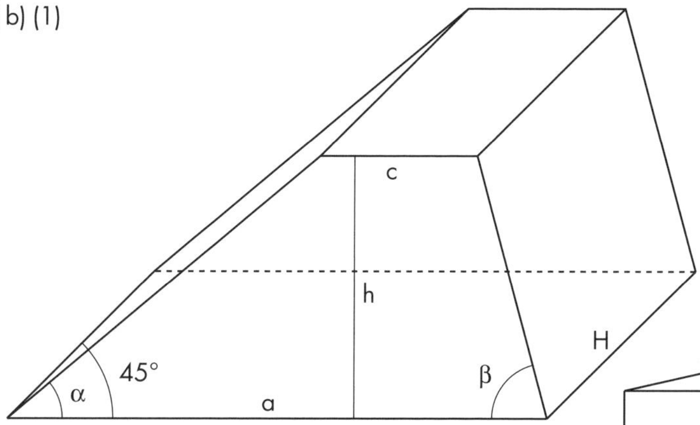

(2)

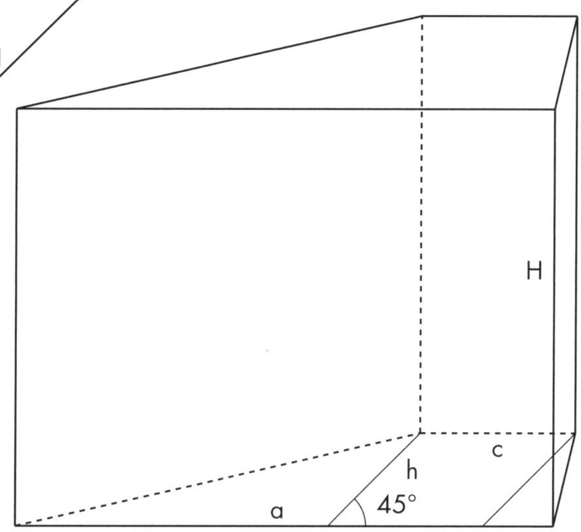

c) (1)

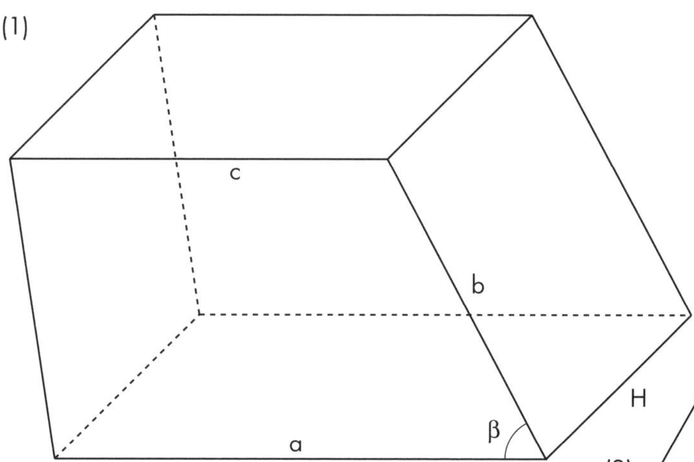

(2)

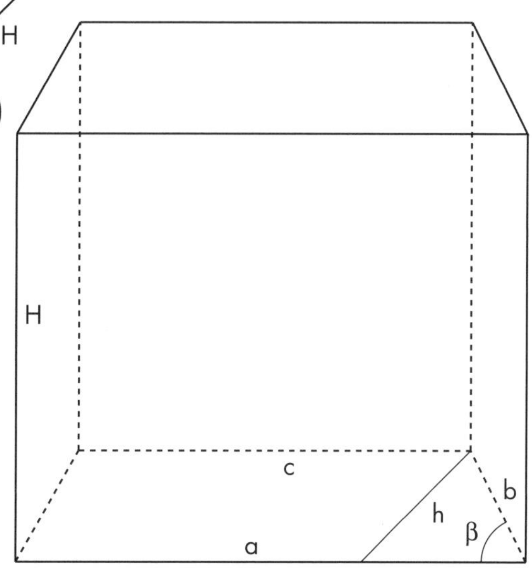

1061 a) (1)

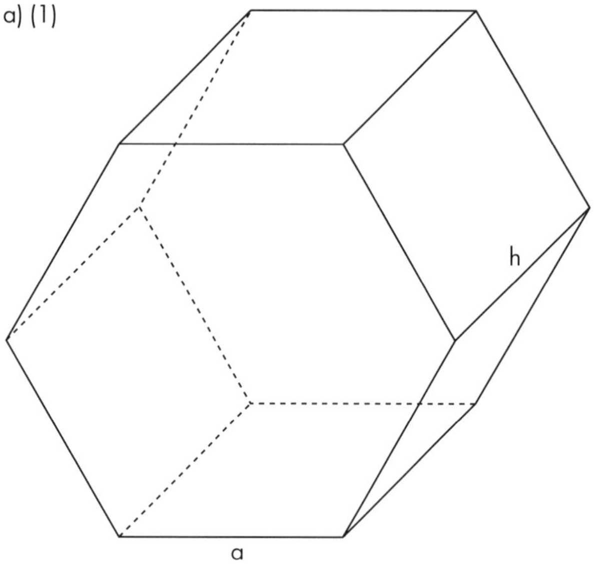

(2)

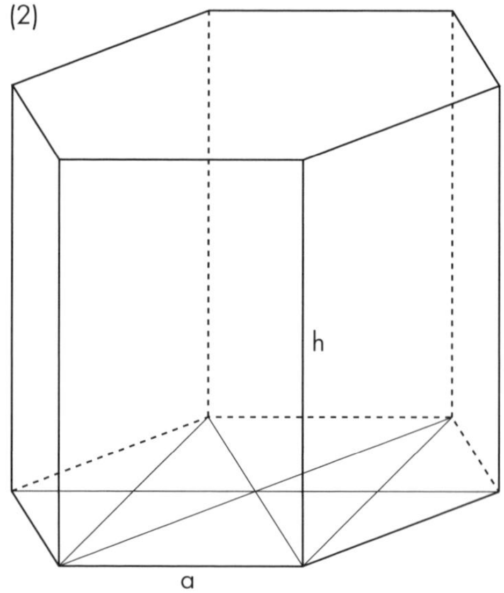

b) (1)

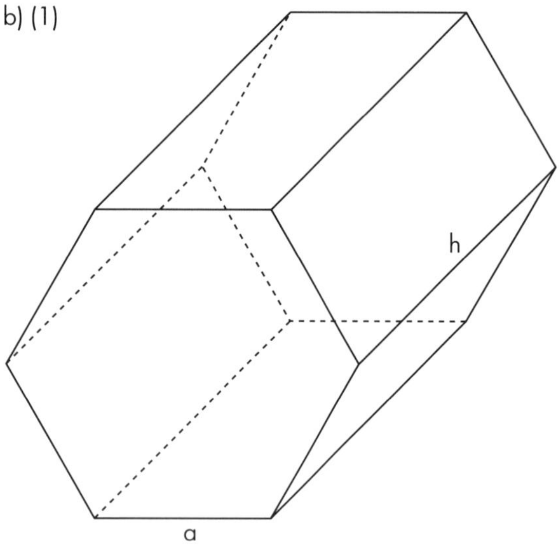

(2)

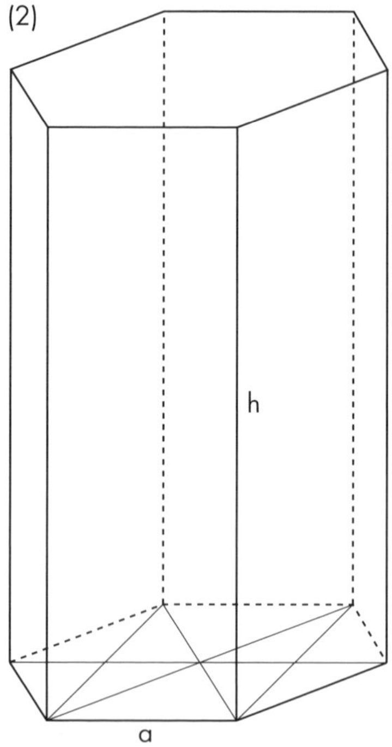

c) (1)

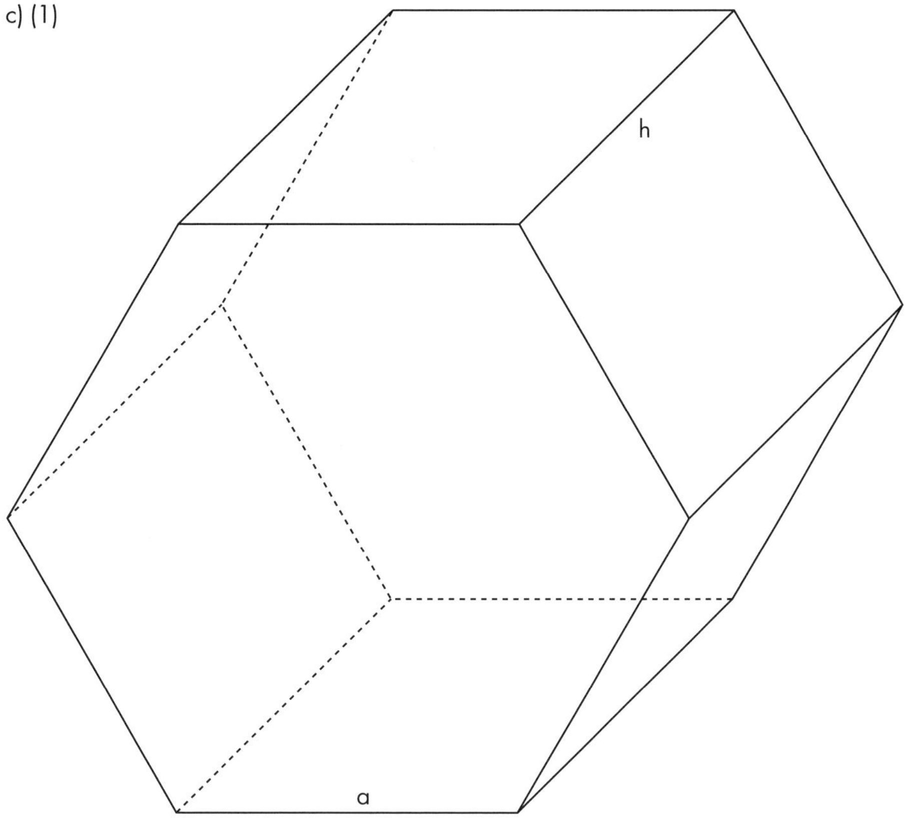

(2)

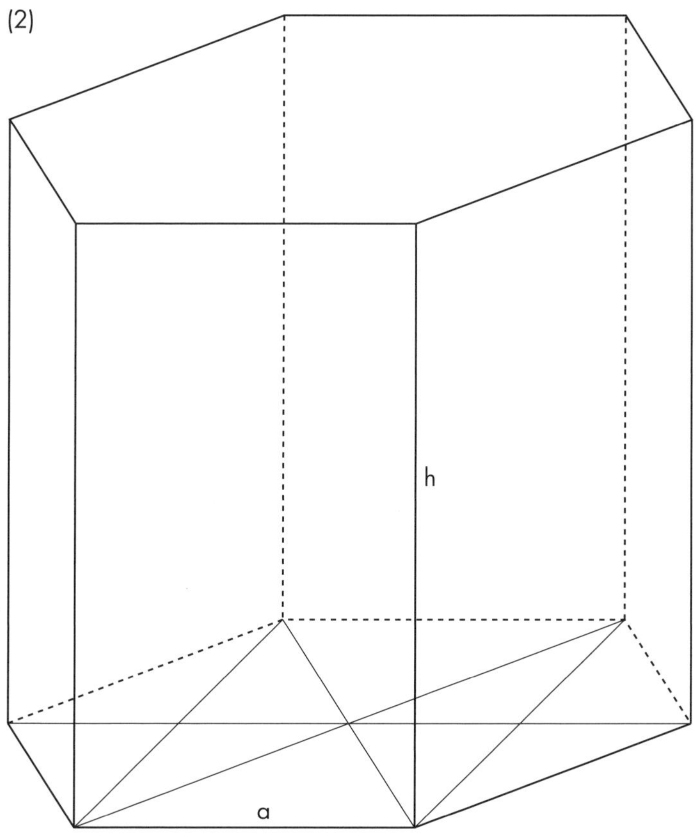

d) (1)

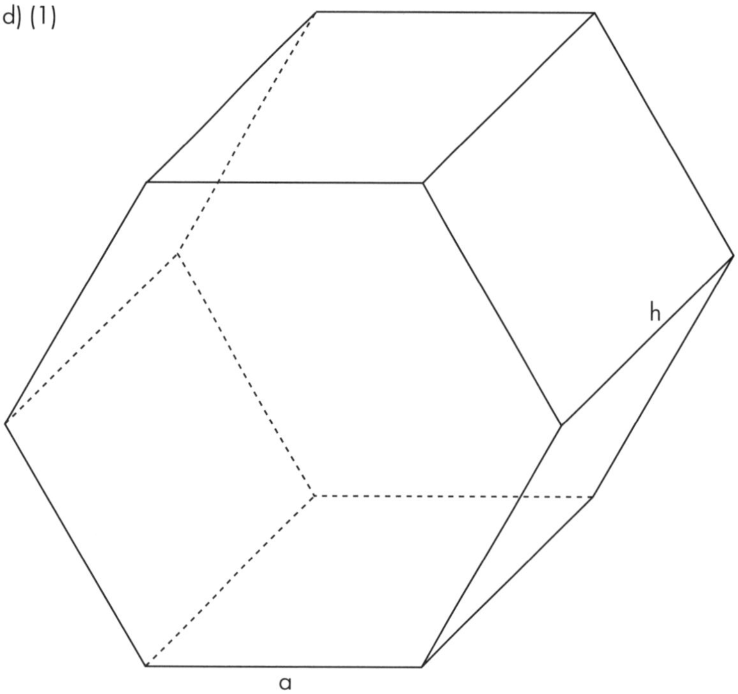

(2)

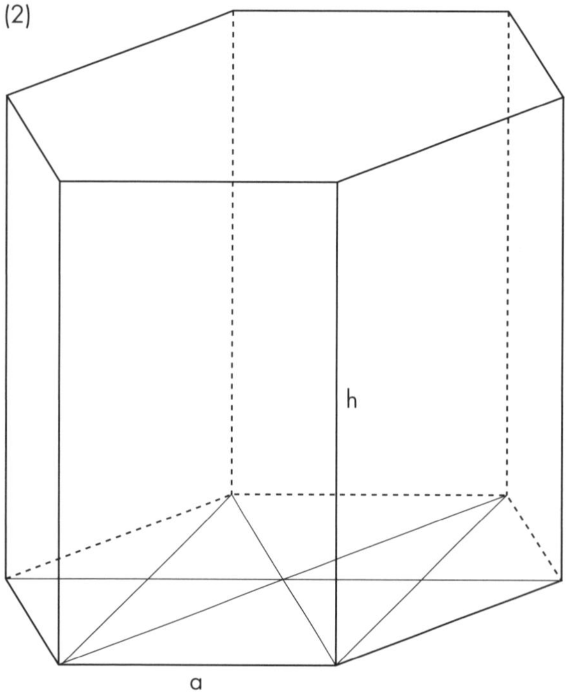

1062 a) $V = 15\ cm^3$ b) $V = 32\ cm^3$ c) $V = 35\ cm^3$ d) $V = 16\ cm^3$
1063 a) nach 3 h b) 45 cm
1064 a) 24 cm b) 12 Kübel c) 28 cm
1065 a) $V = 176\ dm^3$ b) $m = 23{,}47\ kg$

1066 a) (Zeichnung verkleinert)

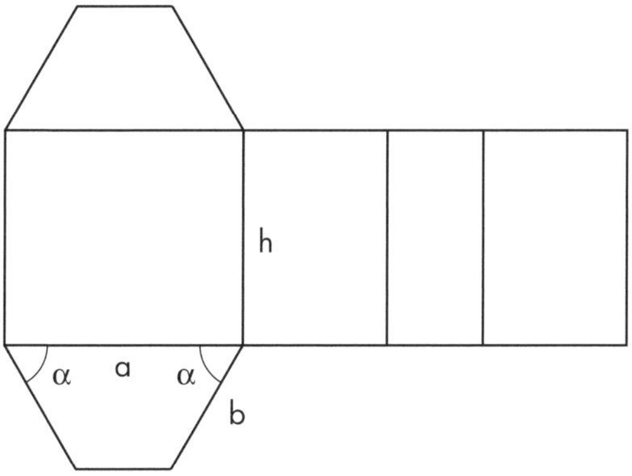

b) (Zeichnung verkleinert)

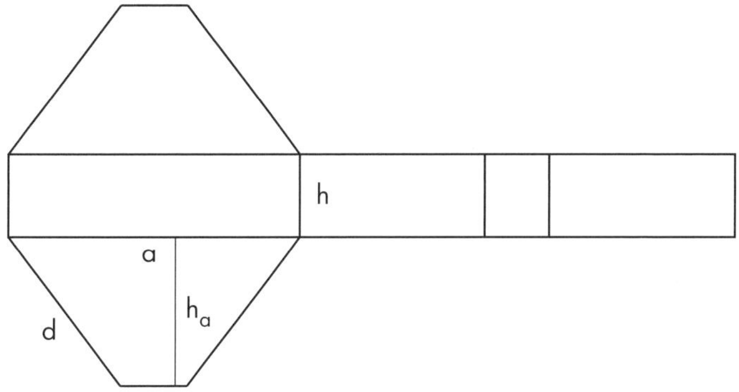

c) (Zeichnung verkleinert)

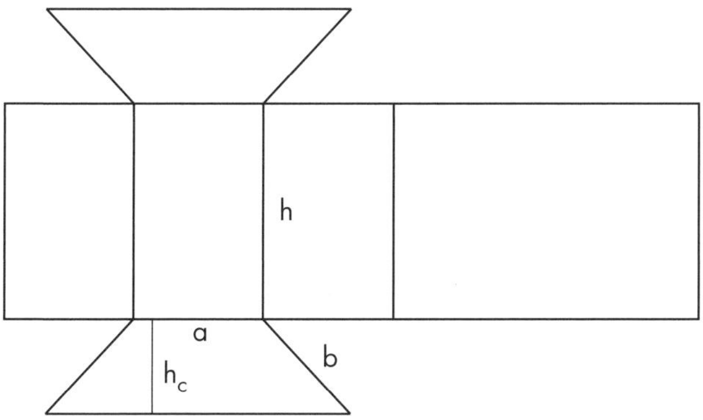

d) (Zeichnung verkleinert)

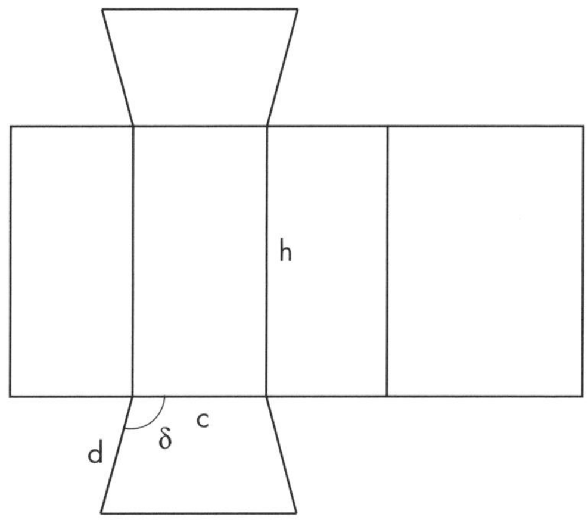

1067 a) O = 71,5 cm² b) O = 6 616 mm² c) O = 93,84 cm² d) O = 9 611 mm²

1068 a) O = 80,8 cm² (Zeichnung verkleinert)

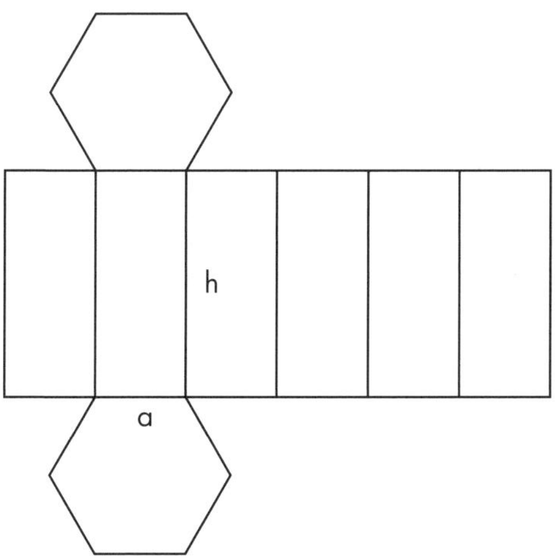

b) O = 130,73 cm² (Zeichnung verkleinert)

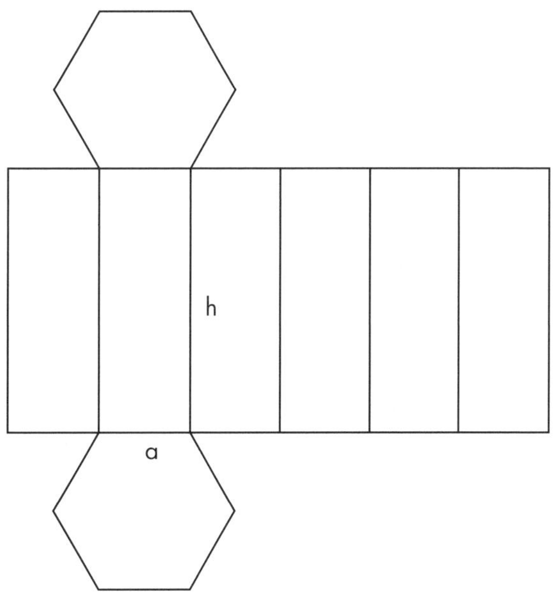

c) $O = 105{,}7\ cm^2$ (Zeichnung verkleinert)

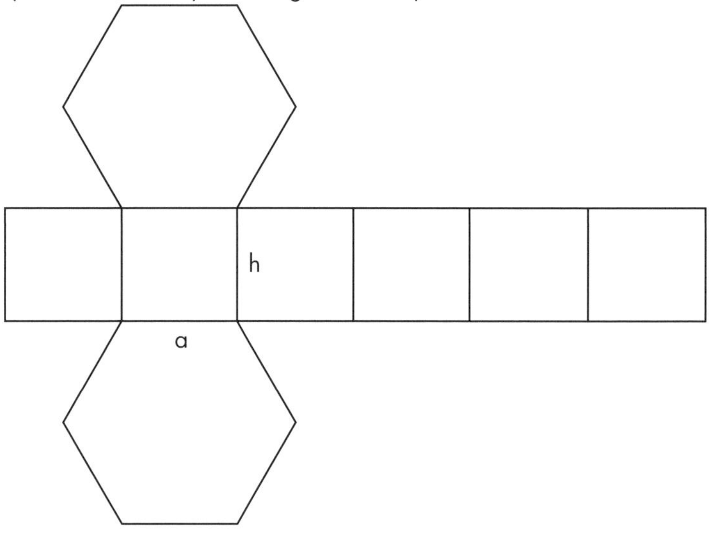

1069 a) $O = 22{,}4\ dm^2$ b) $O = 888\ cm^2$ c) $O = 31{,}4\ dm^2$

1070 a) $V = 42{,}75\ cm^3$; $m = 363\ g$; $O = 600{,}9\ cm^2$
b) $V = 402\ cm^3$; $m = 1\,085{,}4\ g$; $O = 2\,804\ cm^2$
c) $V = 40{,}8\ cm^3$; $m = 38{,}76\ hg$; $O = 841\ cm^2$

1071 a)

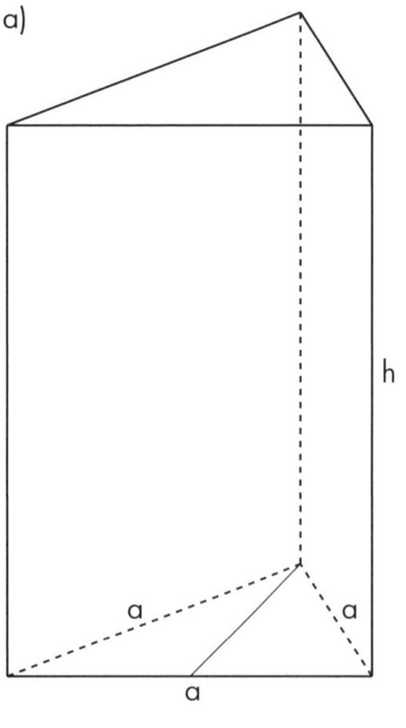

b) $O = 85{,}9\ cm^2$

1072 –

1073

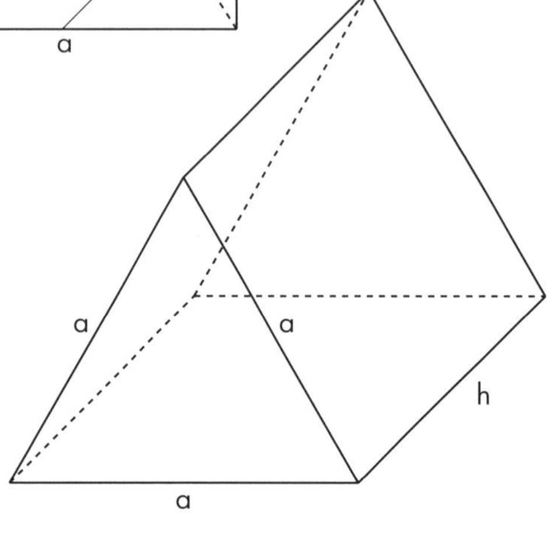

1074 $V = 364\ cm^3$

1075 a) $m = 2\,839{,}2\ g$ b) $m = 7\,025{,}2\ g$

1076 $O = 75{,}6\ cm^2$

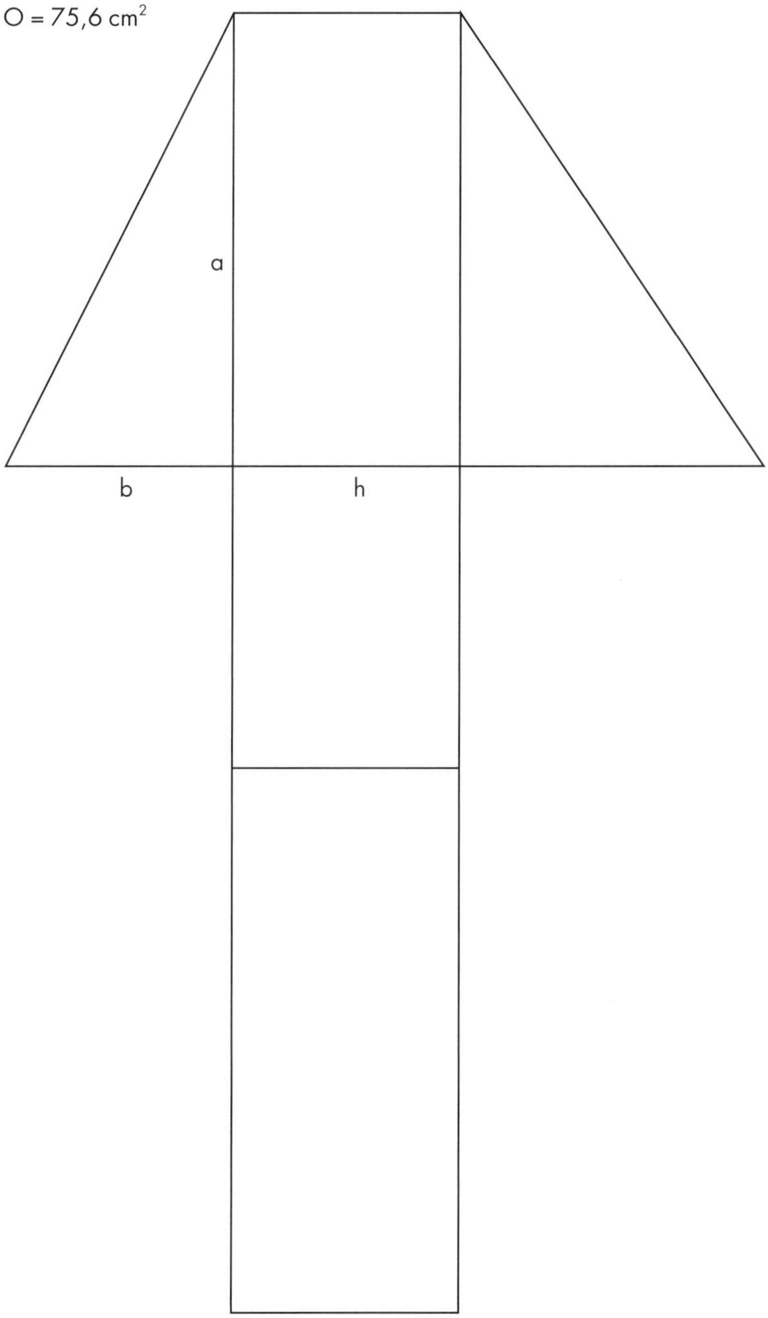

1077 $99{,}225\ dm^2 \approx 1\,m^2$

Körper 2 – Pyramiden

1078

	Eckpunkte	Kanten	Begrenzungsflächen
a)	4	6	4
b)	5	8	5
c)	7	12	7
d)	9	16	9

1079 a)

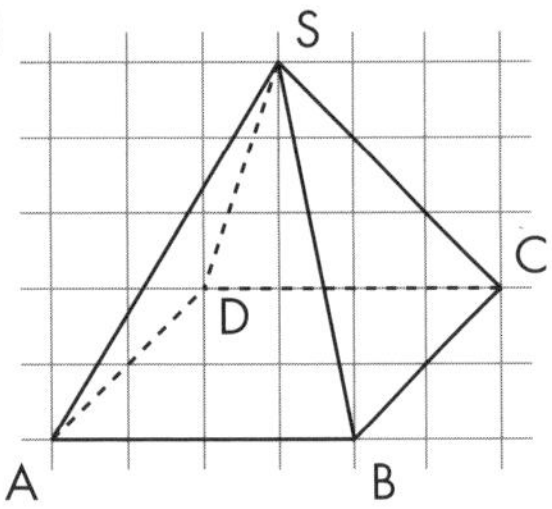

b)

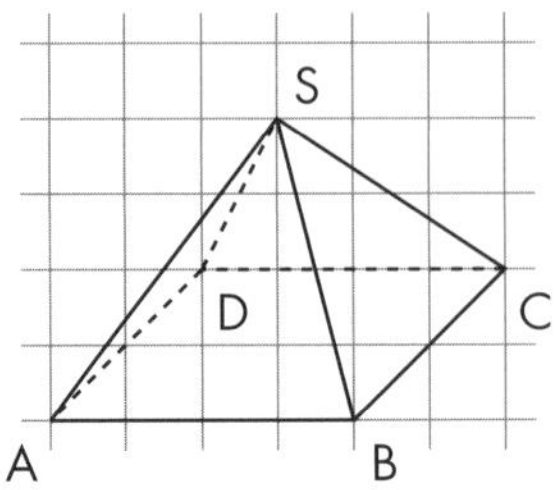

c)

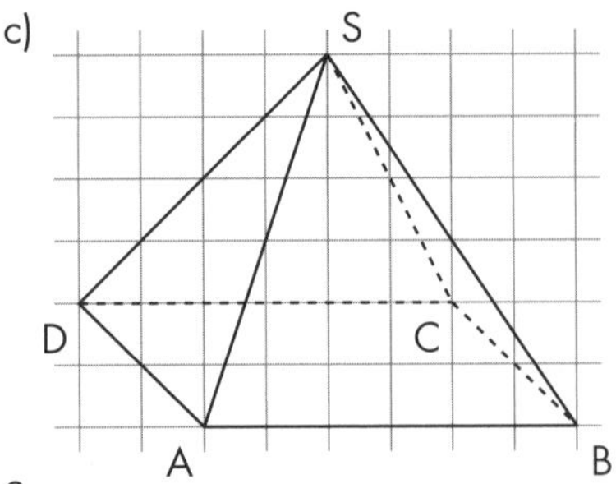

1080 –

1081 a)

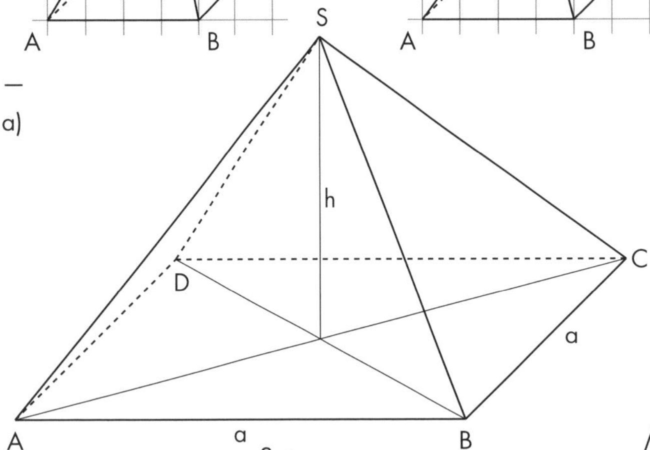

b)

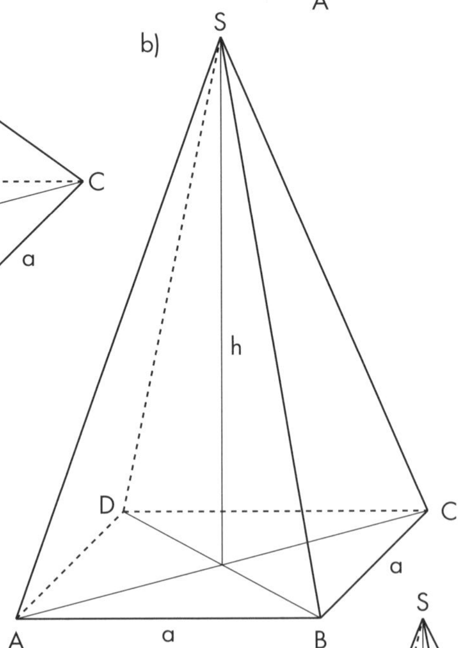

c)

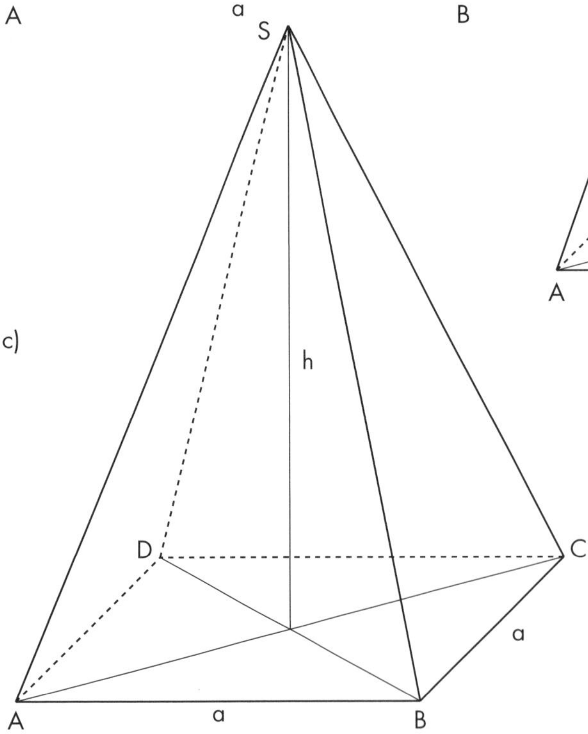

d)

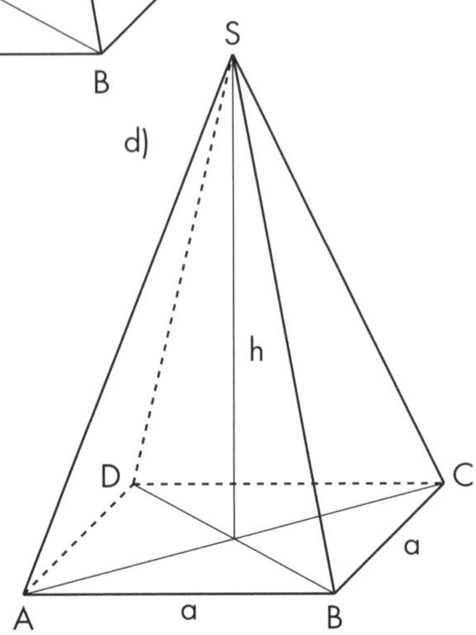

1082 a) $V = 147\ cm^3$ b) $V = 3\,174\ cm^3$ c) $V = 84{,}564\ dm^3$ d) $V = 1{,}792\ m^3$

1083 a) $m = 1\,264{,}2\ g$ b) $m = 61{,}26\ kg$ c) $m = 39{,}745\ kg$ d) $m = 4\,300{,}8\ kg$

1084 a) $V = 2\,592\,100\ m^3$ b) $V = 2\,363\,535\ m^3$

1085 a) $m = 345{,}6\ g$ b) $m = 1\,080\ g$ c) $m = 1\,307\ g$

1086 a) $V = 28\ cm^3$; $m = 218{,}4\ g$ b) $V = 103{,}95\ cm^3$; $m = 3{,}12\ g$
c) $V = 8{,}008\ dm^3$; $m = 84{,}084\ kg$ d) $V = 351{,}52\ cm^3$; $m = 949\ g$

1087 3 Personen

1088 a) $h = 13\ cm$ b) $h = 12\ cm$ c) $h = 29\ mm$ d) $h = 6\ dm$

1089 a) $G = 49\ cm^2$; $M = 126\ cm^2$; $O = 175\ cm^2$ b) $G = 529\ cm^2$; $M = 828\ cm^2$; $O = 1\,357\ cm^2$
c) $G = 29{,}16\ dm^2$; $M = 93{,}96\ dm^2$; $O = 123{,}12\ dm^2$ d) $G = 2{,}56\ m^2$; $M = 6{,}72\ m^2$; $O = 9{,}28\ m^2$

1090 a) $h_a \approx 4{,}6\ cm$ (Zeichnung verkleinert)

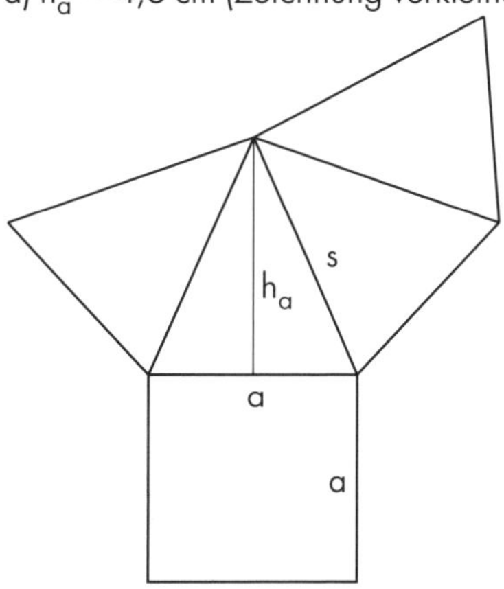

b) $h_a \approx 6{,}8\ cm$ (Zeichnung verkleinert)

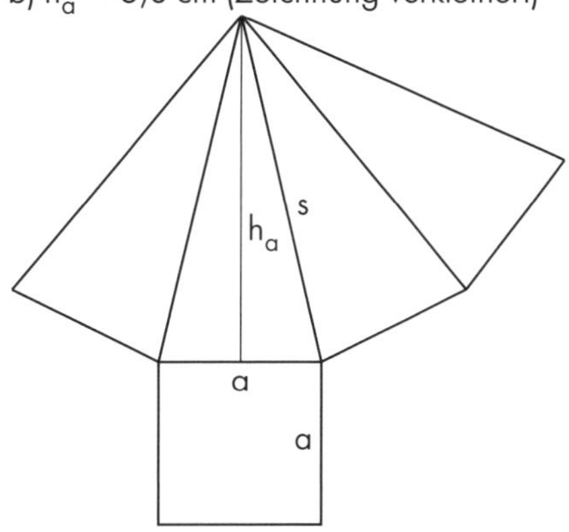

c) $h_a \approx 2{,}8\ cm$ (Zeichnung verkleinert)

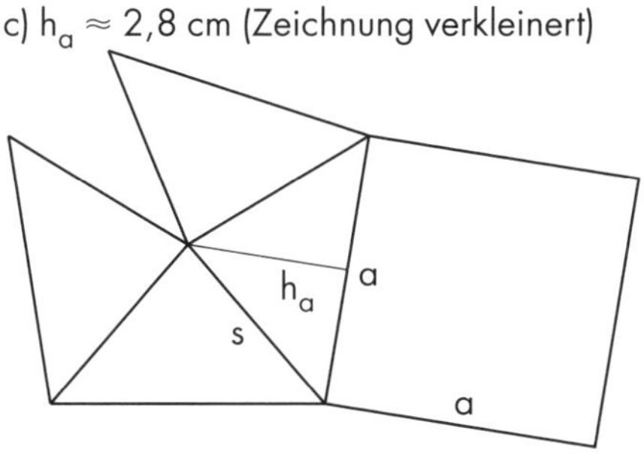

d) $h_a \approx 5{,}6\ cm$ (Zeichnung verkleinert)

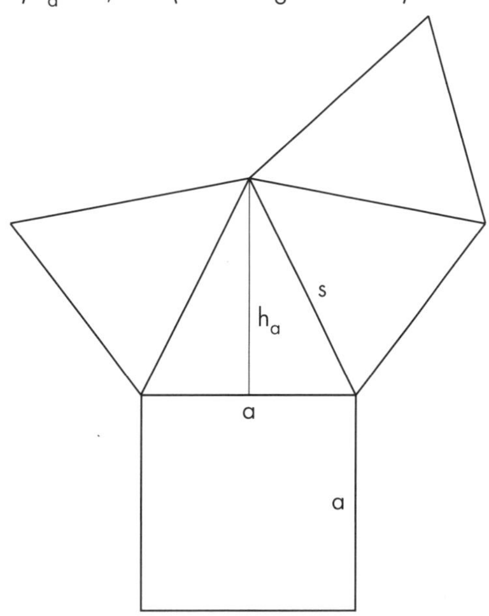

1091 a) $O = 52{,}7\ cm^2$ b) $O = 53{,}9\ cm^2$ c) $O = 50{,}1\ cm^2$ d) $O = 94{,}6\ cm^2$

1092 a) $M = 976{,}8\ cm^2$; $O = 1\,600{,}8\ cm^2$
b) $M = 2\,464\ cm^2$; $O = 3\,744\ cm^2$
c) $M = 3\,548{,}8\ cm^2$; $O = 5\,660{,}8\ cm^2$

1093 $21{,}56\ dm^2$

1094 a)

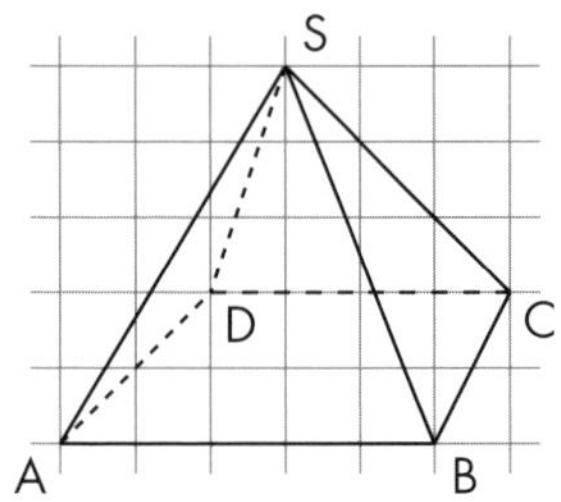

b)

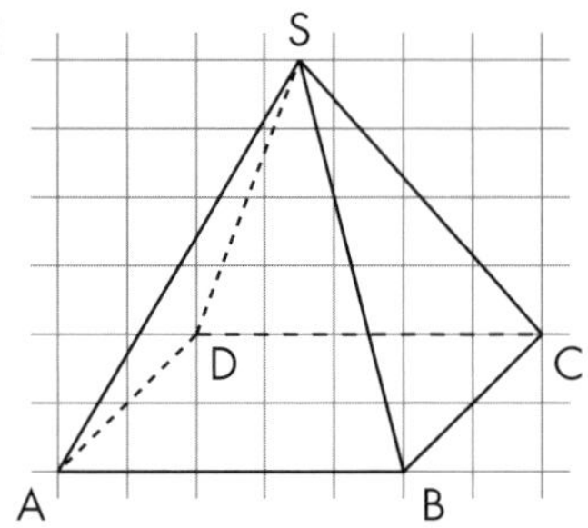

c)

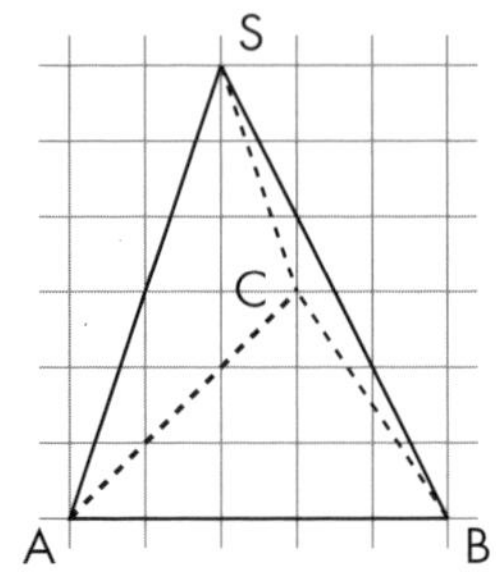

1095 a)

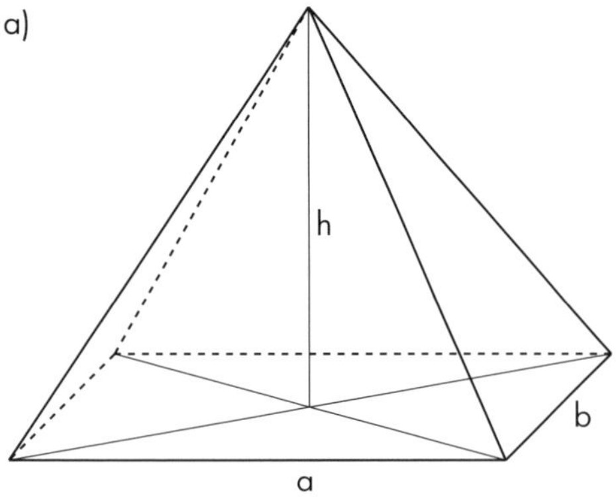

b)

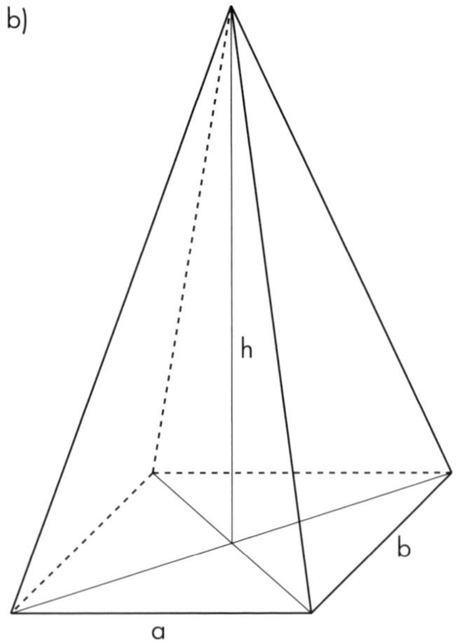

c)

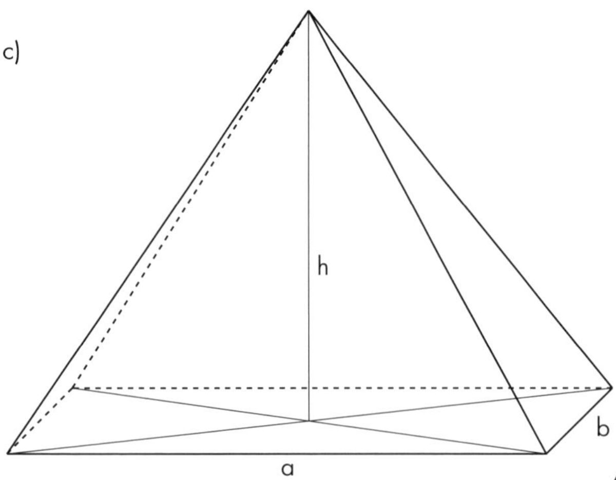

d)

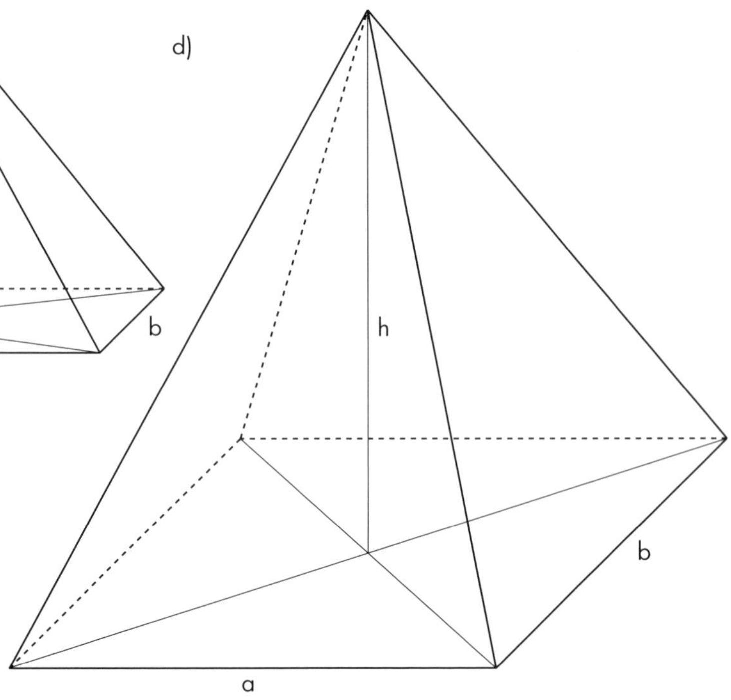

1096 a) $V = 41{,}6\ cm^3$ b) $V = 701{,}5\ cm^3$ c) $V = 3\,998{,}4\ cm^3$

1097 a) $V_{früher} = 2\,211\,096\ m^3$; $V_{heute} = 2\,006\,550\ m^3$ b) 5 748 850 t; 90,7 % c) ca. 669-mal

1098 a) $h = 2{,}625\ cm$ b) $h = 18\ cm$ c) $h = 20\ cm$

1099 a) $h = 14\ cm$ b) $a = 5{,}8\ cm$ c) $b = 5{,}6\ cm$

1100 a) $V = 16\,000\ cm^3$; $m = 124{,}8\ kg$ b) $V = 86{,}016\ dm^3$; $m = 73{,}97\ kg$

1101

	Tetraeder	Oktaeder
Welche geometrische Formen haben die Flächen?	gleichseitige Dreiecke	gleichseitige Dreiecke
Wie viele solcher Flächen bilden die Oberfläche?	4	8
Formel für die Oberfläche mithilfe der Variable a	$O = a^2 \cdot \sqrt{3}$	$O = 2 \cdot a^2 \cdot \sqrt{3}$

1102 a) $O = 110{,}9\ cm^2$ b) $O = 1\,082{,}5\ cm^2$ a) $O = 73{,}2\ dm^2$ a) $O = 5{,}6\ dm^2$

1103 a) (Zeichnung verkleinert) b) (Zeichnung verkleinert) c) (Zeichnung verkleinert)

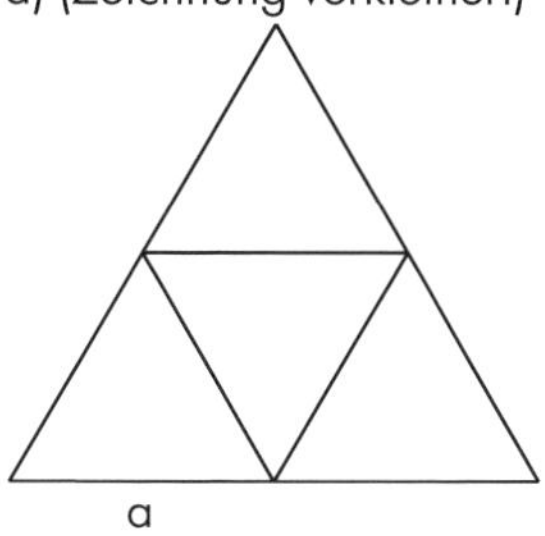

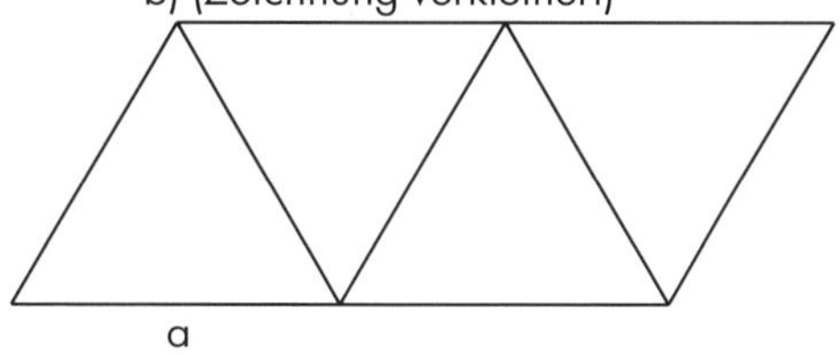

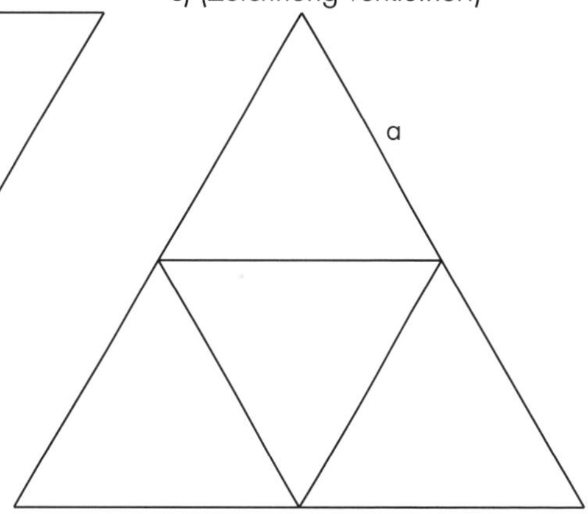

1104 a) $O = 86{,}6\ cm^2$ b) $O = 498{,}8\ cm^2$ a) $O = 194{,}9\ mm^2$ a) $O = 0{,}7\ m^2$

1105 a) $362{,}88\ m^2$ b) $89{,}856\ m^2$

1106 a) $a = 15\ cm$; $O = 945\ cm^2$ b) $h_a = 7{,}8\ cm$; $O = 263{,}16\ cm^2$
c) $a = 4{,}3\ dm$; $h_a = 3{,}5\ dm$ d) $h_a = 14\ dm$; $M = 266\ dm$

1107 a)

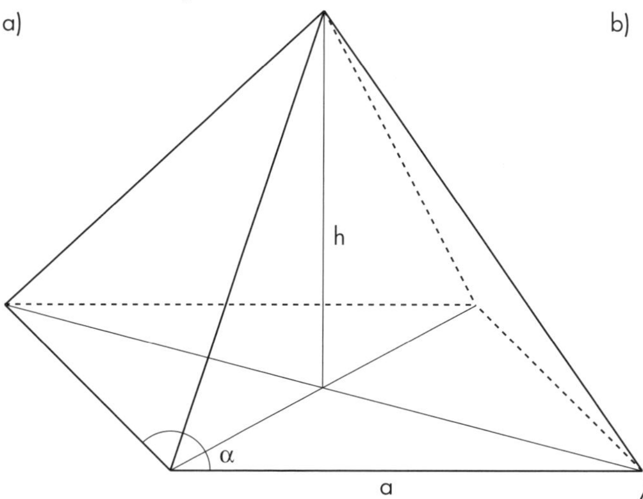

b)

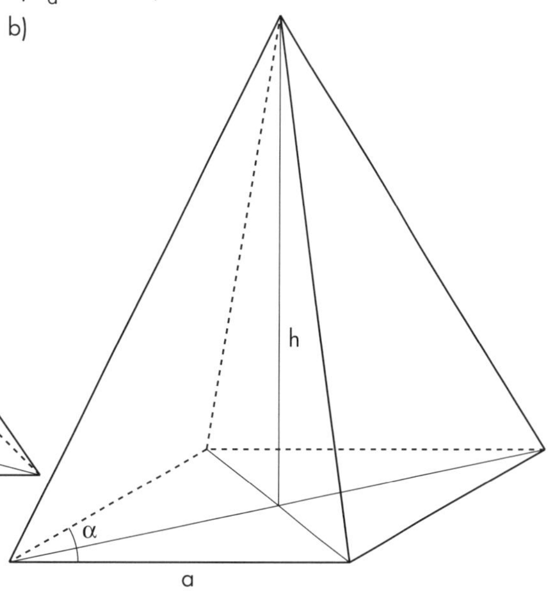

c)

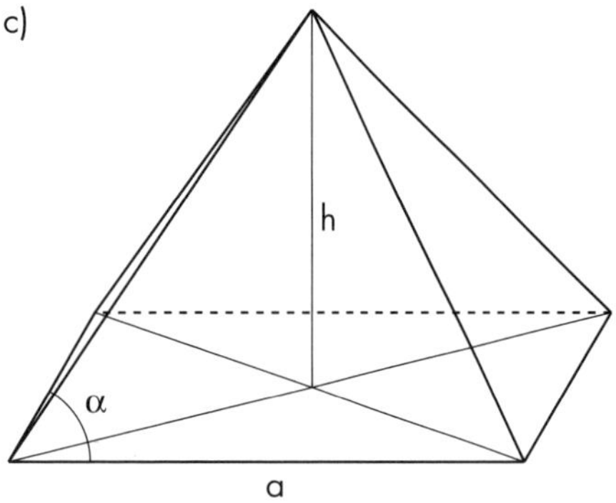

d)

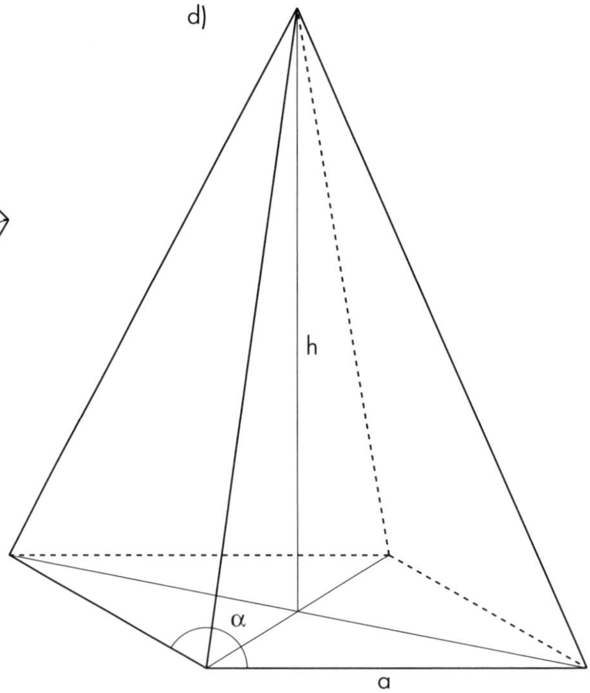

1108 a)

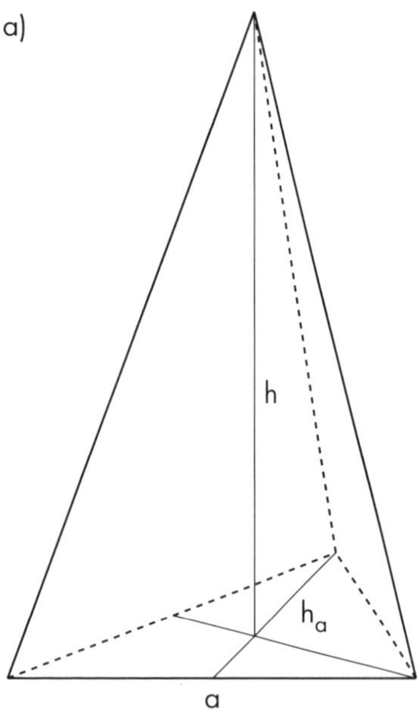

b))

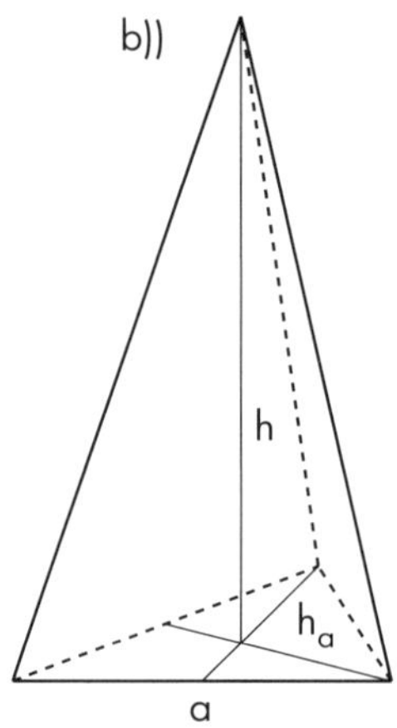

c)

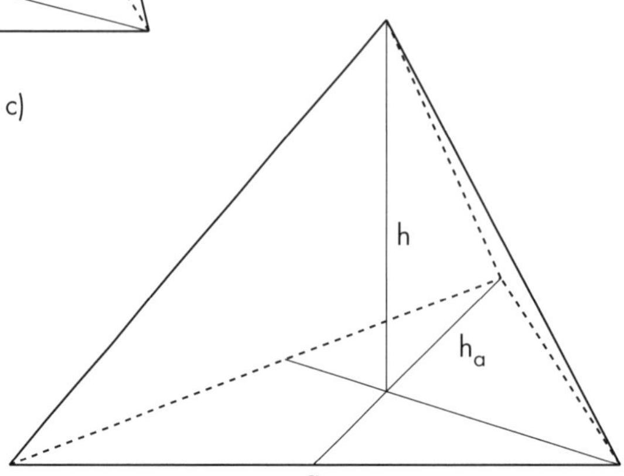

d)

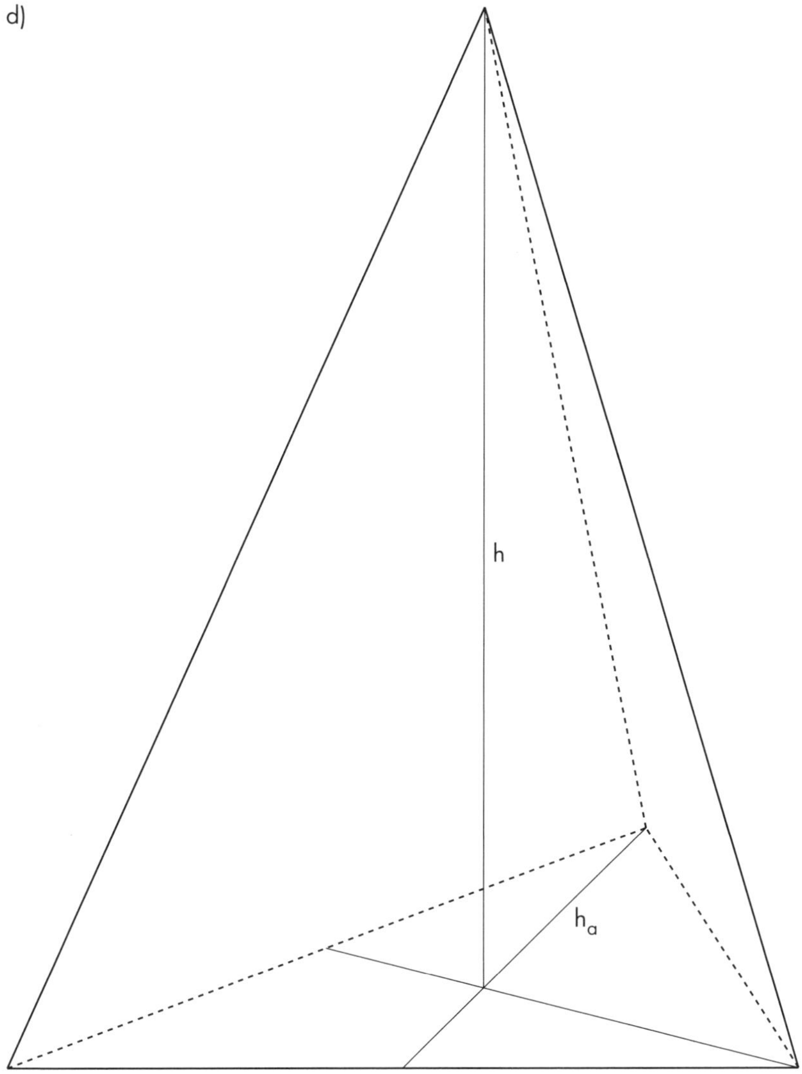

1109 a) V = 96 l b) V = 32,928 l

1110 a) V = 180 dm³ b) V = 180 dm³

c) $V = 60^3 - \frac{(60-x)^3}{6}$ d) $V = 60^3 - 10 \cdot (60-x)^2$

1111 a) a = 8 cm b) a = 20 cm c) a = 5,5 dm d) a = 7 dm

1112 a) V wird verdoppelt. b) V wird vervierfacht. c) V wird gedrittelt. d) V wird geviertelt.

1113 h = 15,625 cm

1114 a) $V = 16\,512\ cm^3$ b) m = 482,15 kg c) $O = 5\,760\ cm^2$ d) 19 Dosen

1115 a) (Zeichnung verkleinert)

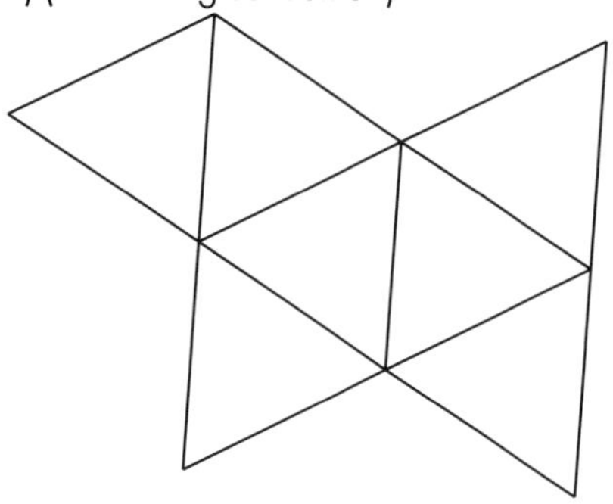

b) (Zeichnung verkleinert)

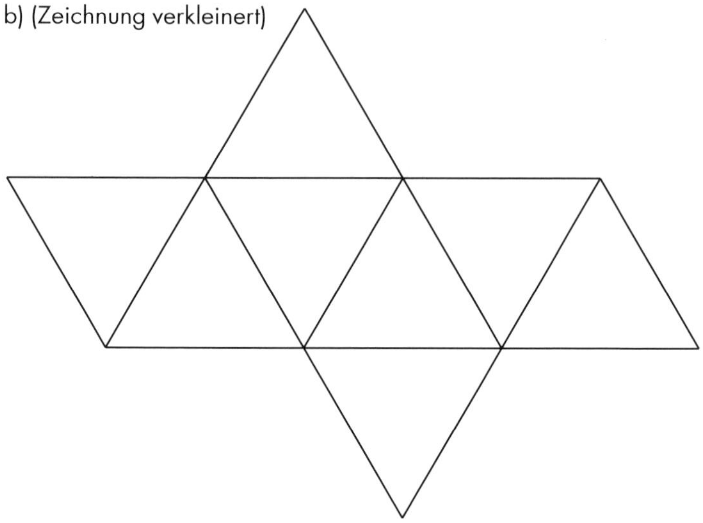

1116 a) V = 768 cm³; O = 554 cm²

b) V = 1 280 cm³; O = 800 cm²

c) V = 25 600 cm³; O = 5 760 cm²

d) V = 6,72 dm³; O = 23,52 dm²

1117 a) V = 40,5 cm³

b) V = 147 cm³

c)

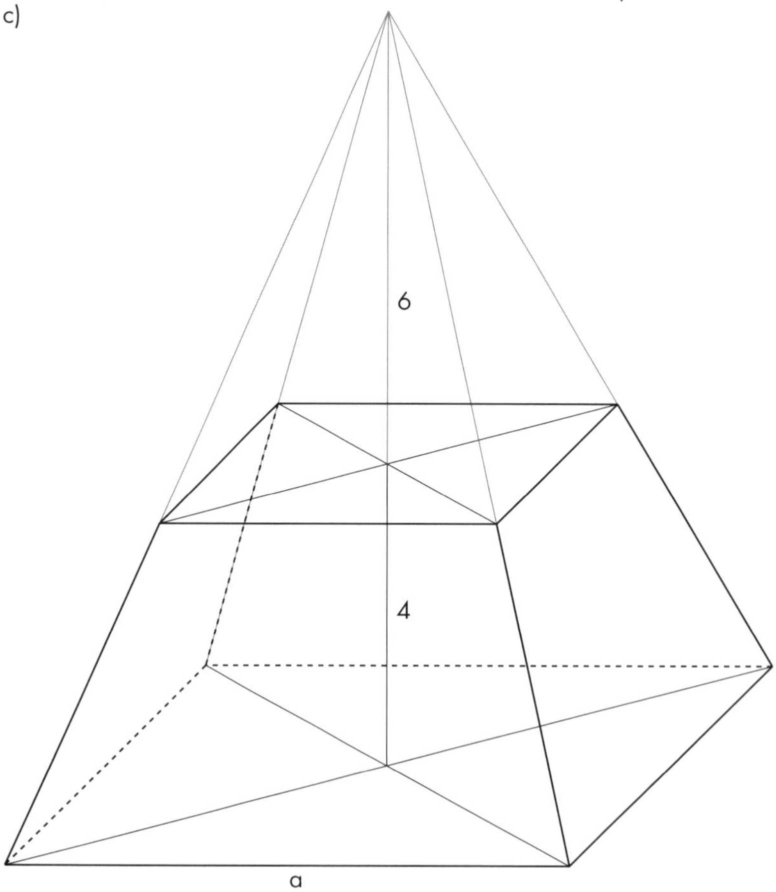

1118 V = 56 634 cm³

1119 –

1120 –

1121

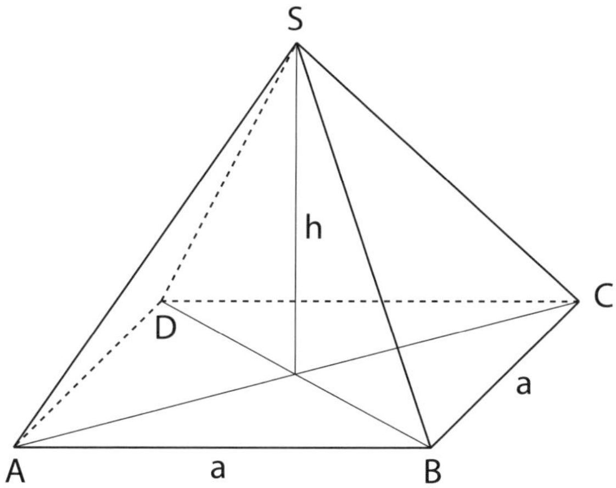

1122 V = 7 500 cm^3

1123 a) V = 462 cm^3 b) m = 277,2 g

1124 a) b) O = 65,5 cm^2

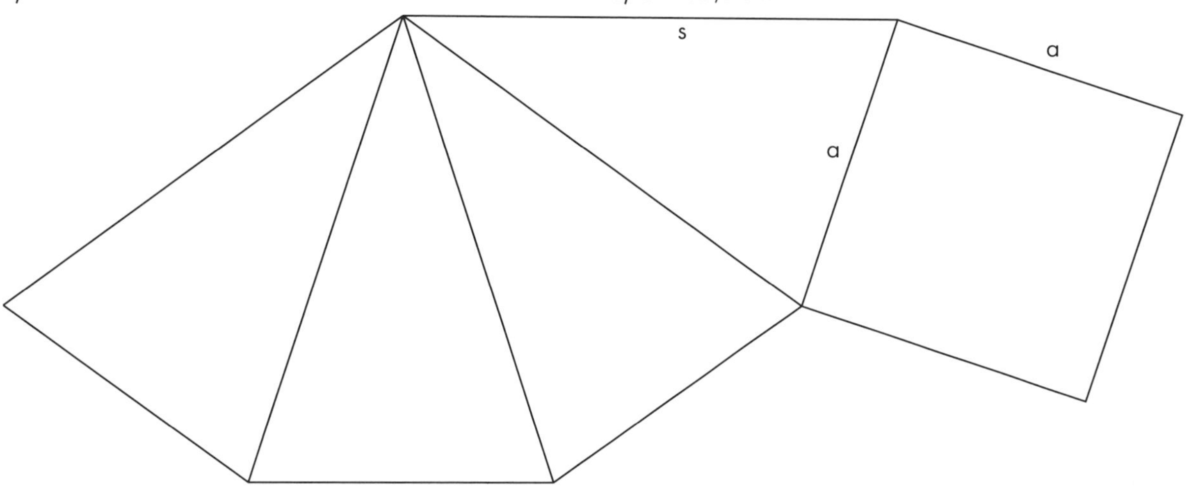

1125 367,5 m^2

Funktionale Abhängigkeiten

1126 a)

Menge in kg	Preis in € Karotten	Zucchini	Kohlrabi
1	0,70	1,40	1,70
2	1,40	2,80	3,40
3	2,10	4,20	5,10
4	2,80	5,60	6,80
5	3,50	7	8,50
6	4,20	8,40	10,20
7	4,90	9,80	11,90
8	5,60	11,20	13,60
9	6,30	12,60	15,30
10	7	14	17

b)

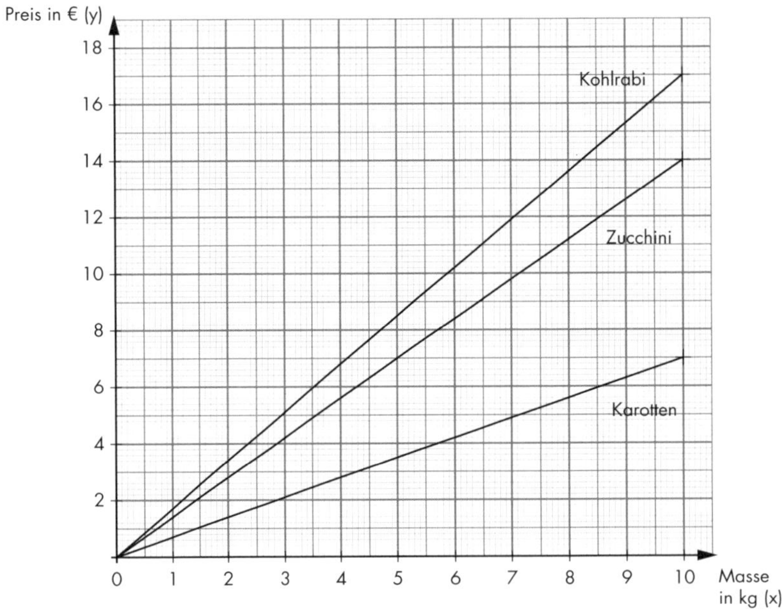

1127 a) Erdbeeren: $y = 2{,}4 \cdot x$; Weintrauben: $y = 2{,}99 \cdot x$; Birnen: $y = 1{,}49 \cdot x$
b) Erdbeeren: $k = 2{,}4$; Weintrauben: $k = 2{,}99$; Birnen: $k = 1{,}49$
c)

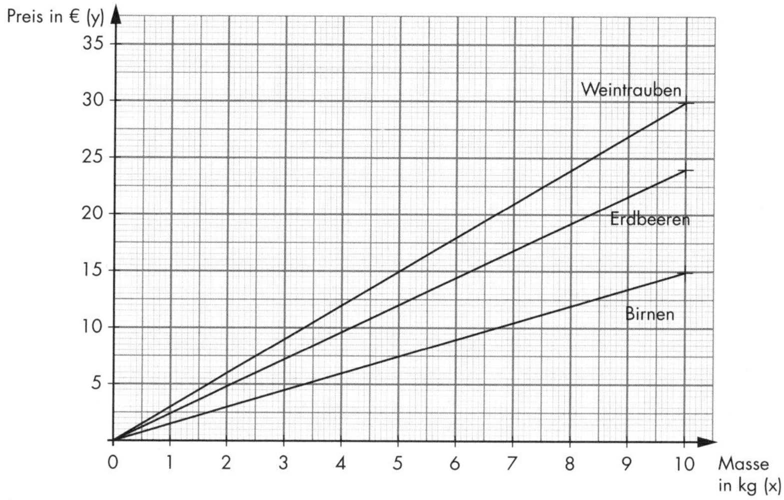

1128

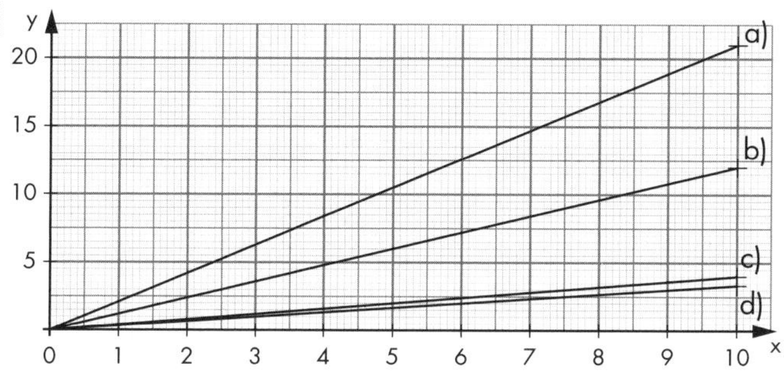

1129 a) $y = \frac{1}{5} \cdot x$ b) $y = \frac{47}{3} \cdot x$ c) $y = 0{,}7 \cdot x$

1130 Nussschokolade: $y = 0{,}79 \cdot x$; Bitterschokolade: $y = 0{,}75 \cdot x$

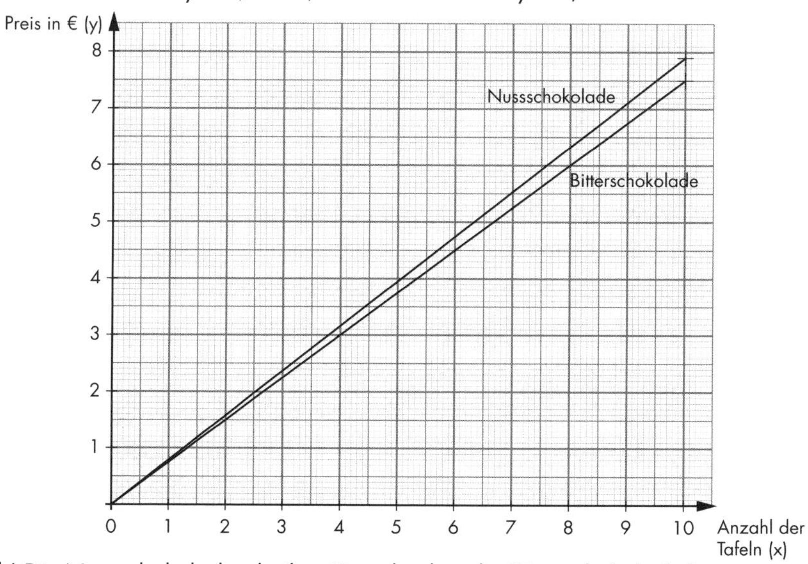

b) Die Nussschokolade, da ihre Gerade ober der Bitterschokolade liegt.
c) siehe b)
d) –

1131 a) $y = 40 \cdot x$

b)

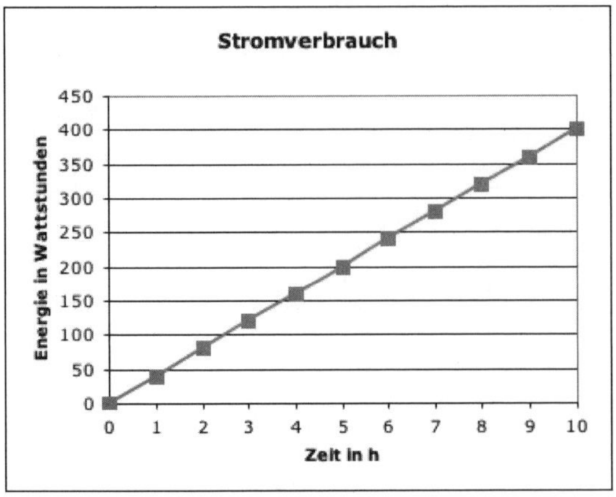

1132

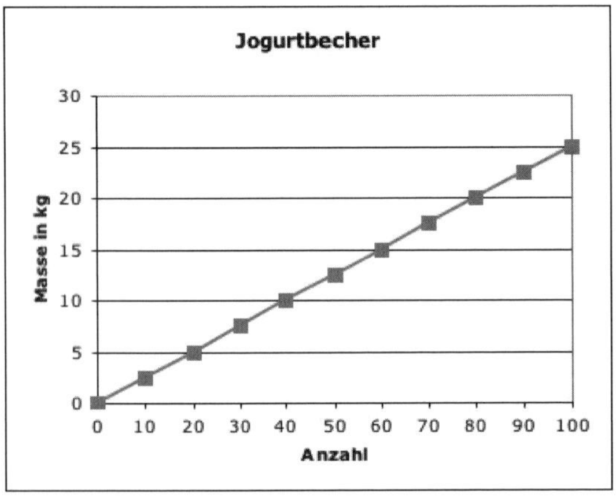

1133

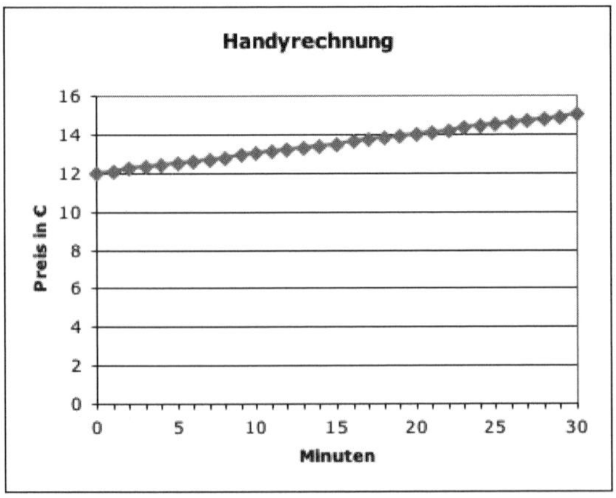

1134 a) $h = 12\,000 - 600 \cdot t$

b)

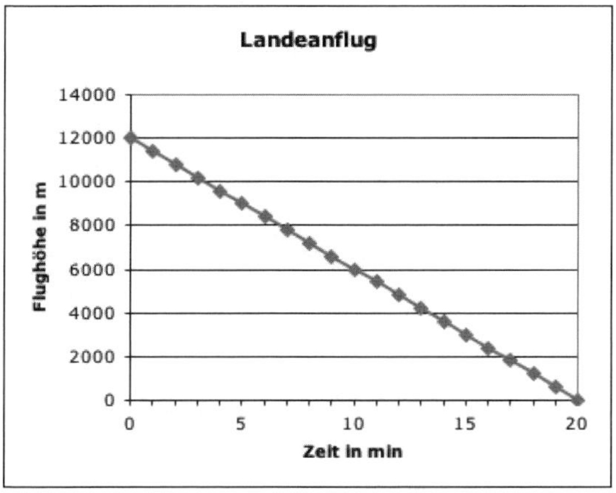

c) 20 min

1135 a) $l = 120 - 0{,}5 \cdot t$ (l in mm, t in min)

b)

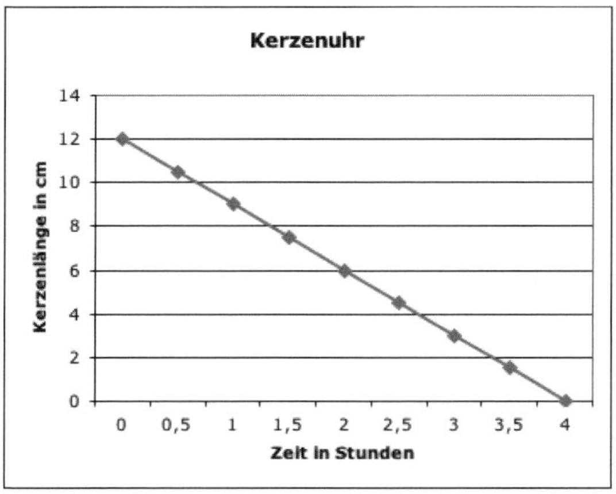

c) 75 cm

1136 a) $S = 120 - 15 \cdot m$ (S in €, m in Monaten)

b)

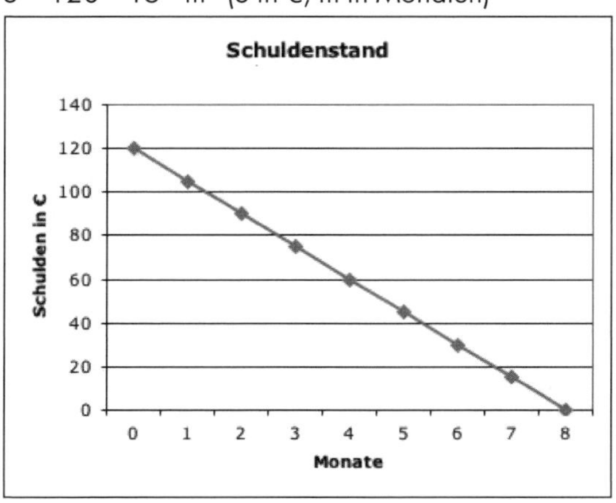

1137 a)

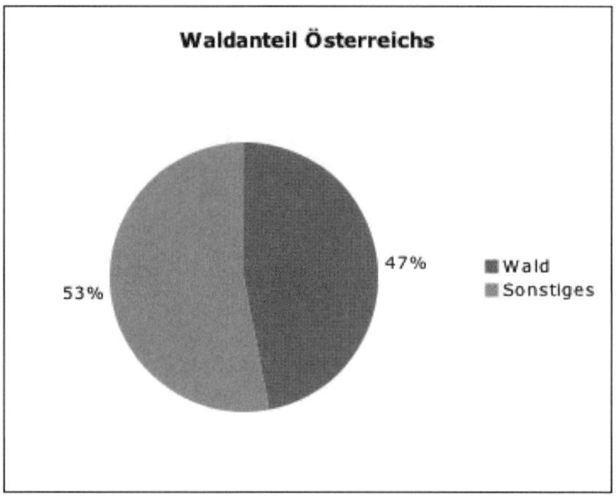

d)

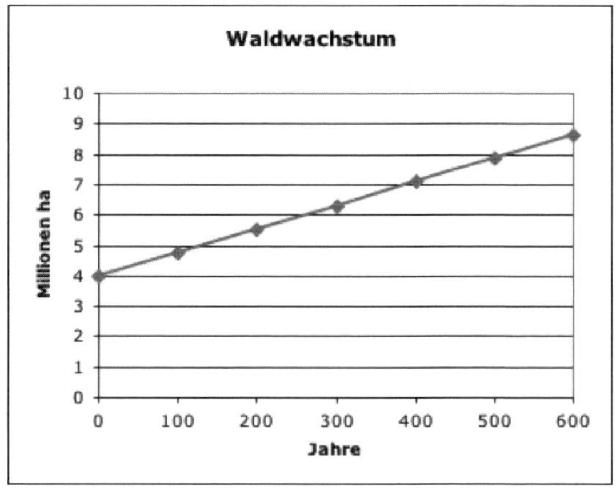

b) 210 959 m^2/Tag und 2,44 m^2/s

c) in ca. 586 Jahren

1138 a) $V = 937{,}5\ m^3$ b) $V = 630 \cdot t$ (t in min, V in l)

c)

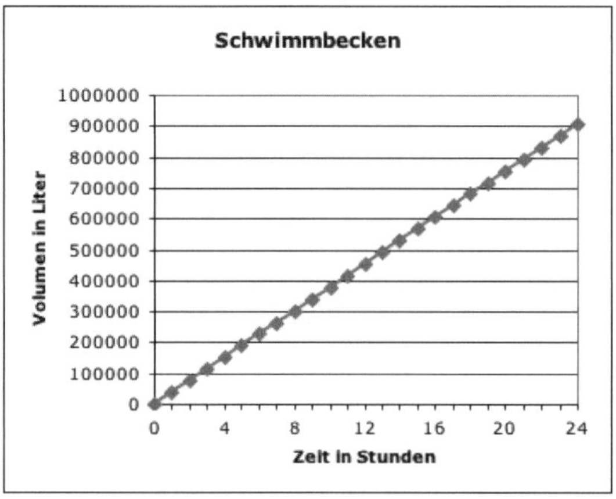

1139 a) $P = 2{,}10 + 0{,}7 \cdot s$ (s in km, P in €)

b)

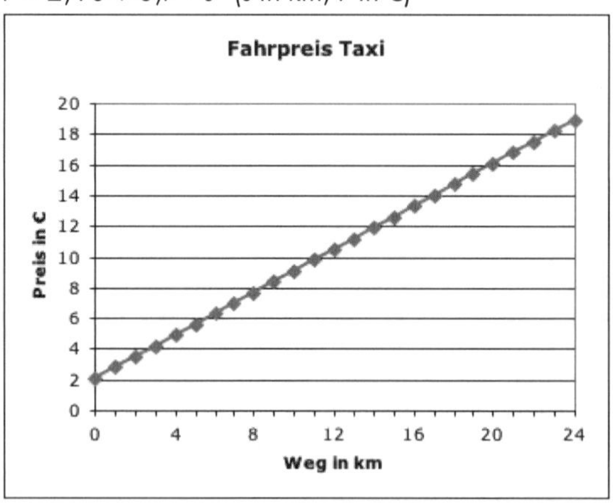

1140 a) P = 5 + s (s in km, P in Cent)
c) 900 km

b)

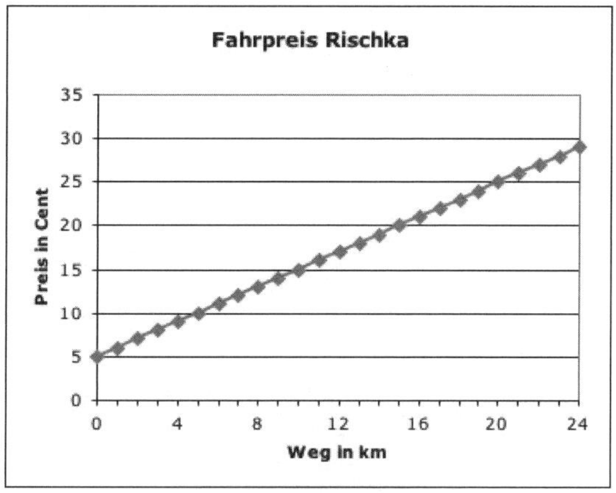

1141 a) $y = \frac{90}{x}$ (y in Tagen, x … Anzahl der Kühe)

c)

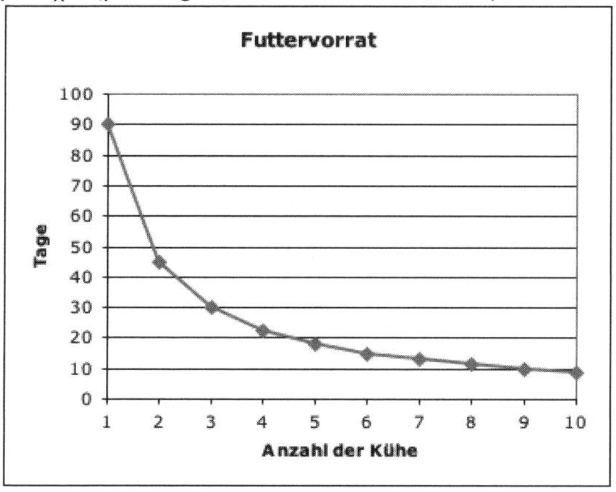

b)

Kühe	Zeit
1	90
2	45
3	30
4	22,5
5	18
6	15
7	12,86
8	11,25
9	10
10	9

1142 a) $y = \frac{10}{x}$ bzw. $y = \frac{50}{x}$ b) 2 Tage bzw. 10 Tage

1143 a) $P = \frac{20}{x}$ (P … Anzahl der Personen,
x … Anzahl der Kugeln pro Person)

c)

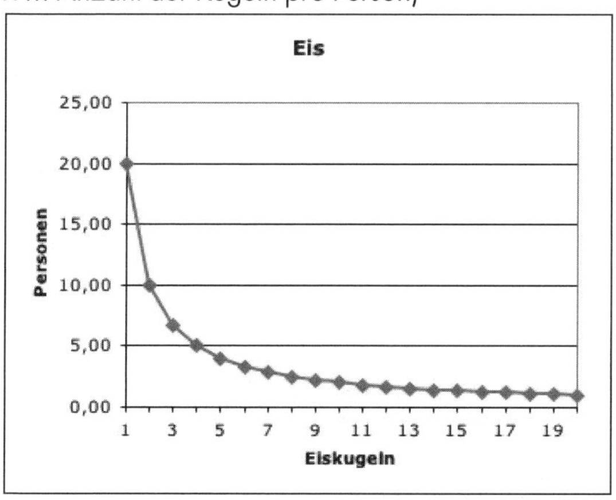

b)

Eiskugeln	Personen
1	20,00
2	10,00
3	6,67
4	5,00
5	4,00
6	3,33
7	2,86
8	2,50
9	2,22
10	2,00
11	1,82
12	1,67
13	1,54
14	1,43
15	1,33
16	1,25
17	1,18
18	1,11
19	1,05
20	1,00

1144 a) 4,20 €   b) $K = \frac{210}{x}$ (K … Kosten pro SchülerIn, x … Anzahl der SchülerInnen)

c)

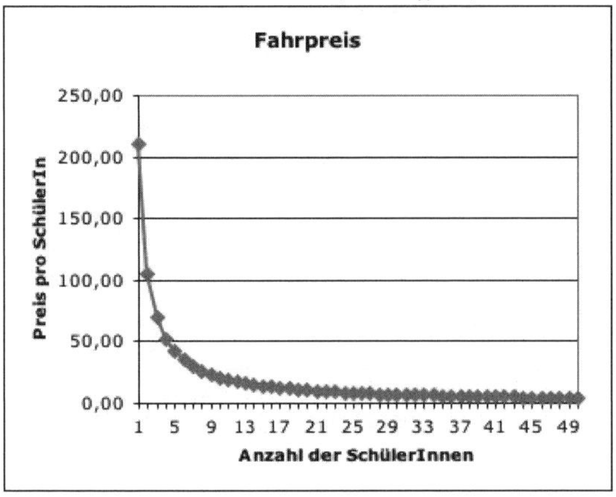

1145 a) 32 Tage   b) $t = \frac{32}{x}$ (t … Dauer in Tagen, x … Anzahl der Personen)

c)

Personen	Tage
1	32
2	16
3	11
4	8
5	6
6	5
7	5
8	4
9	4
10	3
11	3
12	3
13	2
14	2
15	2
16	2

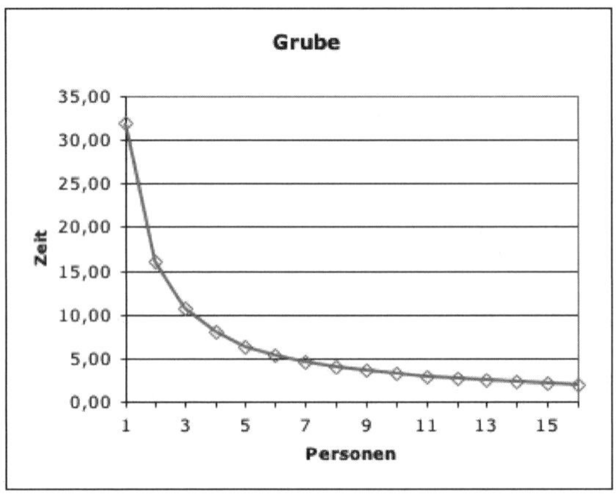

1146 a) A : $y = 10 + 0{,}09 \cdot t$

B : $y = 0{,}12 \cdot t$

C: $y = 25$ für $t \leq 150$;

$y = 2{,}5 + 0{,}15 \cdot t$ für $t > 150$

(y = Kosten, t = Zeit in Minuten)

b)

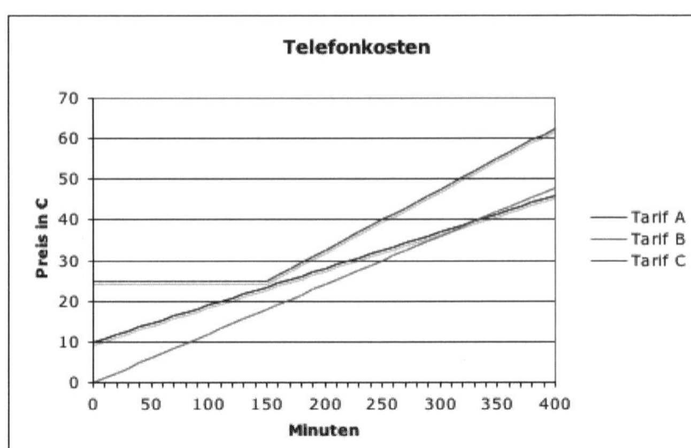

c) Tarif B ist bis 33 Minuten günstiger, wenn man mehr telefoniert, ist Tarif A günstiger.
Tarif C ist in jedem Fall am teuersten.

1147 ① C; ② A; ③ B

1148 a) $V_{Schwimmen} = 4{,}3$ km/h; $V_{Rad} = 39{,}3$ km/h; $V_{Laufen} = 16{,}2$ km/h
b) 2 h 11 min 14 s
c) 1 h 53 min 14 s
d) 1 h 59 min 4 s

1149 a)

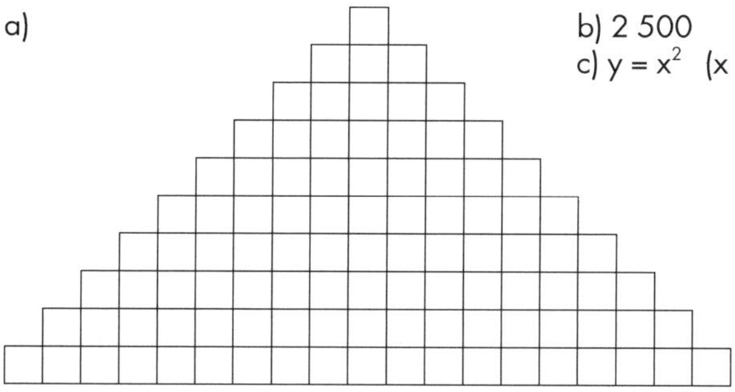

b) 2 500
c) $y = x^2$ (x ... Anzahl der Tage, y ... Anzahl der Quadrate)

1150 a) 16 Apfelbäume; 32 Nadelbäume
b) Apfelbäume: $y = x^2$; Nadelbäume: $y = 8 \cdot x$
c) Beim 8.

1151 $9{,}22 \cdot 10^{18}$

1152 a) 80 Spiele b) 4 Tage

1153 a) 8 Monate: 21; 9 Monate: 34; 10 Monate: 55
b) $x_{n+1} = x_n + x_{n-1}$
c) 1, 1, 2, 3, 5, 8, 13, 21, 34, 55, 89, 144, 233, 377, 610, 987, 1 597, 2 584, 4 181, 6 765
d) 1,618...; Zahl des goldenen Schnitts

1154 $y = 2{,}3 \cdot x$; 5 kg kosten 11,50 €; 7 kg kosten 16,10 €; 9 kg kosten 20,70 €.

1155 $y = 9 + 0{,}11 \cdot x$ (y ... Preis in €, x ... Zeit in Minuten)

1156 a) 4 b) 1 c) 2 d) 3

1157 ca. 22,9 min

1158 7 Tage

Ferienprogramm

Die Lösungen zum Ferienprogramm sind im Schülerbuch enthalten.